APRENDIZAGEM BASEADA EM PROJETOS

B922a Buck Institute for Education
        Aprendizagem baseada em projetos : guia para professores de ensino fundamental e médio / Buck Institute for Education ; tradução Daniel Bueno. – 2.ed. – Porto Alegre : Artmed, 2008.
        200 p. ; 28 cm.

        ISBN 978-85-363-1108-1

        1. Ensino – Ensino Fundamental. 2. Ensino – Ensino Médio. I. Título.

        CDU 37

Catalogação na publicação: Juliana Lagôas Coelho – CRB 10/1798.

Buck Institute for Education

Thom Markham, John Larmer, Jason Ravitz
Organizadores

APRENDIZAGEM BASEADA EM PROJETOS
guia para professores de ensino fundamental e médio

2ª edição

Tradução:
Daniel Bueno

Consultoria, supervisão e revisão técnica desta edição:
Galeno José de Sena
Doutor em Ciências em Informática pela PUC/RJ,
com pós-doutorado no National Institute of Multimedia Education, Chiba-Shi, Japão.
Professor do Departamento de Matemática Universidade Estadual Paulista
"Júlio de Mesquita Filho" – UNESP, Campus de Guaratinguetá.

2008

Obra originalmente publicada sob o título *Project based learning: a guide to standards-focused project based learning for middle and hight school teachers, Second edition*

ISBN: 0-9740343-0-4

Autorized translation of Project bases learning handbook

© 2003 by Buck Institute for Education, 18 Commercial Boulevard, Novato, California, USA 94949. All rights reserved. For permission to reproduced any part of this publication, please contact the Buck Institute for Education, 000 415 883 0122 or info@bie.org

Capa: eg.design/ Evelyn Grumach
Preparação de originais: Maria Edith Amorim Pacheco
Leitura final: Edna Calil
Supervisão editorial: Mônica Ballejo Canto
Editoração eletrônica: TIPOS design editorial

Reservados todos os direitos de publicação, em língua portuguesa, à
ARTMED® EDITORA S.A.
Av. Jerônimo de Ornelas, 670 - Santana
90040-340 Porto Alegre RS
Fone (51) 3027-7000 Fax (51) 3027-7070

É proibida a duplicação ou reprodução deste volume, no todo ou em parte, sob quaisquer formas ou por quaisquer meios (eletrônico, mecânico, gravação, fotocópia, distribuição na Web e outros), sem permissão expressa da Editora.

SÃO PAULO
Av. Angélica, 1091 - Higienópolis
01227-100 São Paulo SP
Fone (11) 3665-1100 Fax (11) 3667-1333

SAC 0800 703-3444

IMPRESSO NO BRASIL
PRINTED IN BRAZIL

Agradecimentos

Em 1999, John Thomas (assessorado por mim e por Andrew Michaelson) preparou a primeira edição de *Aprendizagem Baseada em Projetos* do Buck Institute for Education. Desde então, milhares de educadores nos Estados Unidos e em outros países utilizaram este livro, que tem cumprido um papel importante na disseminação das estratégias de ensino baseado em projetos.

Esta segunda edição de *Aprendizagem Baseada em Projetos* incorpora a sabedoria coletiva de muitos professores que utilizaram a primeira edição, assim como daqueles que o submeteram a uma rigorosa análise crítica. Os educadores que adquiriram este livro ou participaram de nossas oficinas de Aprendizagem Baseada em Projetos (ABP) também contribuíram com novas idéias e inspiração. Embora seja impossível reconhecer as contribuições de todas as pessoas, somos muito gratos a todas elas pelo tempo que dedicaram ao aperfeiçoamento deste livro e pela qualidade de suas sugestões.

Como a maioria dos trabalhos originados da prática, algumas das idéias e documentos são baseados no trabalho de outras pessoas. Sempre que possível, indicamos as fontes. Somos especialmente gratos a Bob Lenz, Thom Markham, Elizabeth Brown e Ron Berger. Seus projetos oferecem ótimos exemplos do que a ABP pode se tornar. A teorização de John Thomas e sua pesquisa e análise da implementação bem-sucedida de projetos continuam sendo a essência desta edição revisada. Beneficiamo-nos muito das observações de Linda Ullah, Bo De Long-Cotty, Peter Iacono, Paul Curtis e Jim Cleere, e suas sugestões definitivamente aperfeiçoaram o produto final. Por fim, exemplos dos professores de ABP Kathleen O'Brien, Megan Pacheco e Mark McKay foram muito úteis.

Embora este livro sintetize o pensamento, a experiência e as idéias de muitas pessoas, foi Thom Markham quem escreveu "o grosso" da segunda edição. Sua experiência pessoal como professor deste método, seu conhecimento de reforma escolar e seu comprometimento com a excelência acadêmica foram valiosos. De modo semelhante, o conhecimento de John Larmer sobre o ensino focalizado em padrões e sua assessoria nas seções de avaliação foram uma contribuição importante.

Esperamos que esta segunda edição de *Aprendizagem Baseada em Projetos* ofereça o apoio necessário para que os professores experimentem e tenham êxito no mundo da Aprendizagem Baseada em Projetos.

John R. Mergendoller, Ph.D.
Diretor executivo
Buck Institute for Education

Imperativo do século XXI: Aprendizagem Baseada em Projetos

Há quatro anos, uma importante fundação dos Estados Unidos fez uma pesquisa com uma ampla amostra de americanos adultos, na qual se perguntou aos participantes sobre as habilidades e os conhecimentos que os estudantes precisariam ter para serem bem-sucedidos no século XXI. Os resultados foram dramáticos: 92% dos entrevistados acreditavam que para serem bem-sucedidos, os jovens precisavam desenvolver novas habilidades diferentes das que eram necessárias dez ou vinte anos atrás.

O público norte-americano captou o que os líderes de negócios têm observado há algum tempo. Atualmente, o mercado de trabalho exige mais do que conhecimento especializado. Este é importante, é claro – o mundo ainda precisa de profissionais que tenham conhecimento. Mas, no século XII, ter conhecimento não é o suficiente. Em todos os níveis hierárquicos de trabalho, os profissionais precisam ser capazes de aplicar seu conhecimento, resolver problemas, planejar, monitorar e avaliar seu desempenho e comunicar suas idéias a públicos variados. Além disso, cada vez mais as pessoas participam de projetos em equipes multinacionais, cruzando fusos horários e fronteiras geopolíticas instantaneamente, o que significa que os profissionais devem estar familiarizados com a atual tecnologia e preparados para dominar técnicas que ainda estejam por ser inventadas.

Como os alunos vão adquirir essas habilidades do século XXI, para que possam ter sucesso e se adaptar às mudanças cada vez mais aceleradas? Pensamos que uma estratégia fundamental é tornar-se versado na Aprendizagem Baseada em Projetos (ABP).

A Aprendizagem Baseada em Projetos fornece um treinamento para sobrevivência no século XXI. Ela oferece aos alunos a oportunidade de aprender a trabalhar em grupo e realizar tarefas comuns. Exige que os alunos monitorem seu próprio desempenho e suas contribuições ao grupo. Ela força os alunos a confrontar problemas inesperados e descobrir como resolvê-los, além de oferecer aos alunos tempo para se aprofundar em um assunto e ensinar aos outros o que aprenderam.

A Aprendizagem Baseada em Projetos é uma estratégia de ensino e aprendizagem do século XXI. É uma estratégia que exige mais dos alunos e professores para que possa funcionar. O Buck Institute for Education (BIE) está comprometido em ajudar os professores a tornarem-se proficientes no uso de problemas, para que possam ajudar os alunos a tornarem-se exímios aprendizes com base em problemas. Para os professores, isso exige refletir sobre a atividade docente e mudar sua postura tradicional de especialista em conteúdo para treinador de aprendizagem. Para os estudantes, significa assumir maior responsabilidade por sua própria aprendizagem, com a compreensão de que o conhecimento que obtiverem com seu esforço pessoal será muito mais duradouro do que as informações transmitidas por outras pessoas.

O livro *Aprendizagem Baseada em Projetos* do BIE é um guia para tornar-se um bom professor de aprendizagem baseada em projetos. Ele descreve um conjunto de princípios que ajudam os professores a planejar projetos efetivos, apresenta exemplos de projetos desenvolvidos por outros, e contém ferramentas e recursos de auxílio na implementação de projetos. A edição em inglês está sendo usada por mais de 20 mil educadores em 30 países ao redor do mundo. Esperamos que esta edição em português permita aos professores brasileiros introduzir seus alunos na Aprendizagem Baseada em Projetos e reforçar as habilidades necessárias no século XXI.

O Buck Institute for Education é uma organização de pesquisa e desenvolvimento sem fins lucrativos que trabalha com professores e outros educadores em todo o mundo para tornar escolas e salas de aula mais eficazes por meio do uso de aprendizagem baseada em projetos. O BIE cria materiais didáticos e curriculares, fornece desenvolvimento profissional, realiza e publica resultados de pesquisas. Mais informações sobre o BIE podem ser obtidas em *www.bie.org* (conteúdo em inglês).

Estamos muito agradecidos à equipe da Artmed Editora pelo esforço e energia dedicado à tradução e publicação deste livro. Estamos encantados por prestar uma pequena contribuição ao admirável esforço do Brasil em fazer de seus estudantes aprendizes do século XXI. Somos especialmente gratos ao Dr. Galeno José de Sena, da Universidade Estadual Paulista "Júlio de Mesquita Filho", Guaratinguetá, que revisou a tradução do livro e foi o idealizador deste projeto. O Dr. Sena esforçou-se infatigavelmente para garantir que, apesar das diferenças dos sistemas educacionais brasileiro e norte-americano, o *Aprendizagem Baseada em Projetos* seja útil e compreensível ao público brasileiro e transmita as idéias e práticas essenciais sobre ABP. Esperamos continuar nossa colaboração com os educadores brasileiros e com futuros trabalhos conjuntos para fomentar o desenvolvimento de conhecimento aprofundado e das habilidades do século XXI nos estudantes de nossos países.

John R. Mergendoller, Ph.D.
Diretor executivo
Buck Institute for Education

Sobre o livro

Existem muitos modelos de Aprendizagem Baseada em Projetos (ABP). Este livro reflete um modelo específico desenvolvido pelo Buck Institute for Education (BIE). Ele utiliza as experiências de professores que foram bem-sucedidos na aplicação da ABP em suas salas de aula, assim como pesquisas recentes sobre a aprendizagem dos alunos. Incorpora também as melhores práticas dos educadores e organizações, em todos os Estados Unidos, que disseminam informações sobre ABP.

A finalidade deste livro é orientar os professores durante todas as fases da ABP, desde a decisão sobre o tema do projeto até a reflexão sobre os seus resultados. Ele foi feito para apoiar tanto professores experientes quanto novatos em ABP. Pode ser utilizado como suplemento das Oficinas de Treinamento em ABP do BIE, que são realizadas regularmente durante todo o ano, ou como um guia autônomo de ABP. Independentemente de como você o utilize, acreditamos que o livro lhe permitirá formular projetos de alta qualidade em sua sala de aula.

APRENDIZAGEM BASEADA EM PROJETOS E FOCADA EM PADRÕES

Desde a primeira edição, em 1999, mais de 5 mil professores utilizaram com êxito o modelo do BIE para implementar projetos em escolas nos Estados Unidos e no exterior. A nova edição conserva as ferramentas e as idéias que foram úteis aos professores, mas introduz uma orientação mais refinada para o planejamento de projetos. Mais importante, o novo Manual dá especial atenção à necessidade de formular projetos *focados em padrões* que reflitam a atual ênfase no conteúdo, na aprendizagem bem-sucedida e no desempenho.

Acreditamos que o aprendizado de conceitos especificados de conteúdo e de padrões deve estar no cerne da ABP. Nossos projetos partem de padrões curriculares e utilizam avaliações alinhadas para verificar o que os alunos aprenderam. Eles são formulados a partir de uma Questão Orientadora que integra os resultados almejados às atividades do projeto. Por fim, incorporam habilidades vitais ao ambiente de trabalho e hábitos de aprendizagem contínua, além de ajudar os professores a utilizar recursos da comunidade para ampliar os limites do projeto além das quatro paredes da sala de aula.

NOTAS IMPORTANTES SOBRE O MODELO DE APRENDIZAGEM BASEADA EM PROJETOS DO BIE

O objetivo do BIE é estabelecer uma ABP focada em padrões como estratégia central mediante a qual metas e padrões curriculares específicos possam ser alcançados. Em outras palavras, não escrevemos este livro com o objetivo de ajudar os professores a "fazer projetos". Freqüentemente os projetos são uma recompensa aos alunos pelo aprendizado de modo tradicional – são mais a "cobertura" do que o "bolo". Por exemplo, depois de falar sobre as partes da Constituição em uma aula de estudos sociais ou educação cívica e recomendar a leitura de textos como atividade extraclasse, um professor pode dividir os alunos em grupos e pedir-lhes que escrevam uma constituição para a colonização da Lua. Nesse caso, o projeto segue a aprendizagem como a sobremesa segue o prato principal. Essa tarefa de constituição lunar poderia ser um projeto interessante e instigante, mas ela não se enquadra em nossa compreensão de ABP. Para nós, a ABP é a estrutura central sobre a qual se constrói o ensino e a aprendizagem de conceitos essenciais, e não uma atividade suplementar de enriquecimento a ser executada depois que o árduo trabalho de aprendizagem foi concluído.

Ao mesmo tempo, outra mensagem importante neste livro é que a ABP não deve substituir todos os outros métodos em sala de aula. O modelo do BIE encoraja os professores a utilizar sua experiência e seu conhecimento para combinar projetos e métodos convencionais de ensino formadores de um todo integrado que ofereça aos alunos uma rica combinação de conteúdo, habilidades e oportunidades de crescimento acadêmico e pessoal.

APRENDIZAGEM BASEADA EM PROJETOS *VERSUS* APRENDIZAGEM BASEADA EM PROBLEMAS

Neste livro, o termo ABP refere-se à Aprendizagem Baseada em Projetos. Contudo, outros utilizam o termo ABP quando se referem à Aprendizagem Baseada em Problemas. Qual é a diferença entre Aprendizagem Baseada em Projeto e Aprendizagem Baseada em Problemas? Em primeiro lugar, poucos concordam quanto ao significado exato desses termos e, muitas vezes, eles são utilizados como sinônimos. Ambos descrevem o processo de utilizar problemas "mal-estruturados" deliberadamente formulados para que os alunos adquiram conhecimentos de conteúdo específico e habilidades de resolução de problemas enquanto procuram soluções para questões significativas.

No vocabulário do BIE, a Aprendizagem Baseada em Projetos é um termo geral que descreve um método de ensino que utiliza projetos como foco central de ensino em uma diversidade de disciplinas. Muitas vezes, os projetos emergem a partir de um contexto autêntico, abordam questões controversas ou importantes na comunidade e se desdobram de modos imprevistos. Em contraste, a metodologia do BIE para Aprendizagem Baseada em Problemas utiliza o desempenho de papéis e cenários realistas para conduzir os alunos por um caminho mais minuciosamente planejado rumo a um conjunto estabelecido de resultados.* Independentemente de como seja rotulado, um projeto deve estar vinculado a padrões de conteúdo e permitir uma investigação de uma questão significativa centrada no aluno.

O livro está escrito para Aprendizagem Baseada em Projetos, mas também apresenta a terminologia comumente utilizada nas unidades de Economia Baseada em Problemas (EBP) e Governo Baseado em Problemas (GBP) do BIE, desenvolvidas para professores de ensino médio. Para mais informações sobre esses produtos, consulte o site do BIE na internet: *www.bie.org* (conteúdo em inglês).

---

* *Consulte N. Maxwell, Y. Bellisimo, e J. R. Mergendoller, "Problem based learning: modifying the medical model for teaching high school economics",* The Social Studies 92, n. 2:75-78.

UTILIZAÇÃO DO LIVRO

Este livro apresenta um guia sistemático para formular e implementar projetos focados em padrões e está dividido nas seguintes seções:

- Uma **Introdução** à Aprendizagem Baseada em Projetos que apresenta a metodologia e esboça os objetivos centrais da ABP.
- Uma descrição do processo de **Criação e planejamento** de projetos bem-sucedidos focados em padrões, juntamente com **Bancos de Idéias** de recursos para projetos e formulários úteis.
- **Exemplos** de projetos típicos.
- Uma seção intitulada **O que os professores de ABP dizem?**, que oferece recomendações de especialistas e dicas de gerenciamento de professores que implementaram com sucesso projetos em suas salas de aula.
- Um **Formulário de planejamento de projeto** que pode ser utilizado para planejar seu próprio projeto. Esse formulário pode ser copiado do livro e está disponível no *site* da Artmed (www.artmed.com.br).

UTILIZAÇÃO DA INTERNET

Para recursos de ABP adicionais, incluindo exemplos de projetos, *links* com organizações de ABP, formulários e materiais para ABP, visite *www.bie.org* (conteúdo em inglês). O *site* do BIE na internet visa servir de apoio ao material do livro do BIE e auxiliar os professores na alocação de recursos para planejamento de projetos, avaliação, utilização de tecnologia e desenvolvimento profissional.

Sumário

Prefácio à edição brasileira 7
Sobre o livro 9

Introdução à aprendizagem baseada em projetos 15

Breve história da ABP 17
Definição da ABP focada em padrões 18
Os benefícios da ABP 19
A ABP na sua sala de aula 20
Cobertura e "não-cobertura" 20
Seus alunos são capazes? 21
Seu estilo e suas habilidades 21
A ABP e a sua escola 22

CRIAÇÃO E PLANEJAMENTO DE PROJETOS DE SUCESSO

Comece com o fim em mente 25

Primeiros passos 27
1 Desenvolva uma idéia de projeto 27
2 Decida o escopo do projeto 28
3 Selecione padrões 30
4 Incorpore resultados simultâneos 30
5 Trabalhe a partir de critérios de formulação de projetos 31
6 Crie o ambiente de aprendizagem ideal 32

BANCO DE IDÉIAS 35

Formule a questão orientadora 49

Diretrizes para a questão orientadora 51
Refinamento da questão orientadora 53

BANCO DE IDÉIAS 55

Planeje a avaliação 57

Criação de um plano de avaliação equilibrado 59
1 Alinhar produtos com resultados 59
2 Saber o que avaliar 64
3 Utilizar roteiros de avaliação 64

BANCO DE IDÉIAS 71

Mapeie o projeto 99

Passos fundamentais 101
1 Organize tarefas e atividades 101
2 Decida como lançar o projeto 102

3 Reúna recursos   103
4 Elabore um roteiro visual   104

BANCO DE IDÉIAS   106

Gerencie o processo   113

Antecipação do seu papel   115
Passos fundamentais   116
1 Compartilhe dos objetivos do projeto com os alunos   116
2 Use ferramentas de resolução de problemas   117
3 Use pontos de verificação e de referência   117
4 Planeje a avaliação e a reflexão   118

BANCO DE IDÉIAS   120

EXEMPLOS DE PROJETOS

O Sutil Projeto de Manipulação pela Mídia   145
O Projeto Hispânico de Educação para o Diabetes   150
O Projeto do Campo de Golfe   152
O Projeto de Água de Shutesbury   155
O Projeto de Povoamento da Califórnia   158

O QUE OS PROFESSORES DE ABP DIZEM?

Comece com o fim em mente   169
Formule a questão orientadora   172
Planeje a avaliação   173
Mapeie o projeto   176
Gerencie o processo   181
Agradecimentos   190

FORMULÁRIO DE PLANEJAMENTO DE PROJETO

Comece com o fim em mente   194
Formule a questão orientadora   195
Planeje a avaliação   196
Mapeie o projeto   198
Gerencie o processo   200

INTRODUÇÃO À APRENDIZAGEM BASEADA EM PROJETOS

COMECE COM O FIM EM MENTE

FORMULE A QUESTÃO ORIENTADORA

PLANEJE A AVALIAÇÃO

MAPEIE O PROJETO

GERENCIE O PROCESSO

Sumário

BREVE HISTÓRIA DA ABP   17

DEFINIÇÃO DA ABP FOCADA EM PADRÕES   18

OS BENEFÍCIOS DA ABP   19

A ABP NA SUA SALA DE AULA   20

COBERTURA E "NÃO-COBERTURA"   20

SEUS ALUNOS SÃO CAPAZES?   21

SEU ESTILO E SUAS HABILIDADES   21

A ABP E A SUA ESCOLA   22

INTRODUÇÃO À APRENDIZAGEM BASEADA EM PROJETOS

 introdução visa orientá-lo no campo da Aprendizagem Baseada em Projetos. Esta seção inclui uma breve história da ABP e uma descrição de seus benefícios. Ao final desta seção, você será capaz de descrever a ABP e identificar os elementos-chave de projetos bem-sucedidos.

BREVE HISTÓRIA DA ABP

Por mais de 100 anos, educadores como John Dewey descreveram os benefícios da aprendizagem experiencial, prática e dirigida pelo aluno. A maioria dos professores, cientes do valor de projetos que envolvam e desafiem os alunos, tem utilizado viagens de campo, investigações laboratoriais e atividades interdisciplinares que enriquecem e ampliam o programa de ensino. "Fazer projetos" é uma antiga tradição na educação estadunidense.

As raízes da ABP se encontram nessa tradição. O surgimento de um método de ensino e aprendizagem chamado Aprendizagem Baseada em Projetos é resultado de dois desenvolvimentos importantes ocorridos durante os últimos 25 anos. Primeiro, houve uma revolução na Teoria da Aprendizagem. As pesquisas em neurociência e em psicologia ampliaram os modelos cognitivos e comportamentais de aprendizagem – que dão sustentação ao ensino direto tradicional – e demonstraram que conhecimento, pensamento, ação e contextos de aprendizagem estão inextricavelmente relacionados. Hoje, sabemos que a aprendizagem é, em parte, uma atividade social; ela ocorre em um contexto de cultura, comunidade e experiências anteriores. Isso é evidente na pesquisa sobre Aprendizagem Baseada em Problemas no campo da medicina, uma precursora importante da ABP.

A pesquisa demonstra que os aprendizes não apenas respondem com retorno de informações como também utilizam ativamente o que sabem para explorar, negociar, interpretar e criar. Eles *constroem* soluções e, assim, transferem a ênfase para o processo de aprendizagem. Além disso, a pesquisa cognitiva revelou muito mais sobre a natureza da resolução de problemas. A educação se beneficiou com essa pesquisa, pois os professores aprenderam a dar sustentação ao conteúdo e às atividades para ampliar e estender as habilidades e as capacidades dos alunos.

Em segundo lugar, o mundo mudou. Quase todos os professores compreendem como a cultura industrial moldou a organização e os métodos das escolas nos séculos XIX e XX e reconhecem que as escolas agora precisam se adaptar a um novo século. Não há dúvida de que as crianças precisam *tanto* de conhecimento *quanto* de habilidades para ter êxito. Essa necessidade é determinada não apenas pelas demandas da força de trabalho por empregados com alto desempenho que possam planejar, trabalhar em equipe e se comunicar, mas também pela necessidade de ajudar todos os jovens a adquirir responsabilidade cívica e a dominar suas novas funções como cidadãos do mundo.

Em certo sentido, a necessidade de que a educação se adapte a um mundo em transformação é a razão básica do crescimento da popularidade da ABP. Esta é uma tentativa de criar novas práticas de ensino que reflitam o ambiente no qual as crianças hoje vivem e aprendem. E, como o mundo continua mudando, o mesmo ocorre com nossa definição de ABP. A mais importante mudança recente na educação tem sido a crescente ênfase em padrões, resultados claros e garantia de sucesso na aprendizagem. Assim, uma das finalidades desta edição do Manual de Aprendizagem Baseada em Projetos do BIE é incorporar o recente pensamento sobre padrões e avaliação – delinear um processo de planejamento para projetos *focados em padrões*. Mas este processo vai continuar se desenvolvendo. Lembre-se de que a ABP é um campo que você, como praticante, vai ajudar a criar com suas ações e sua liderança em sala de aula.

DEFINIÇÃO DA ABP FOCADA EM PADRÕES

Não existe uma definição aceita de ABP. Entretanto, o BIE define a ABP focada em padrões como *um método sistemático de ensino que envolve os alunos na aquisição de conhecimentos e de habilidades por meio de um extenso processo de investigação estruturado em torno de questões complexas e autênticas e de produtos e tarefas cuidadosamente planejados*. Essa definição abrange um espectro que varia desde projetos breves de uma ou duas semanas, baseados em um único assunto em uma sala de aula, até projetos interdisciplinares durante todo o ano letivo e que envolvem a participação da comunidade e de adultos fora da escola.

Mais importante do que a definição em si são os atributos de projetos efetivos. Você verá que o modelo de planejamento do BIE se baseia em alguns critérios que distinguem projetos cuidadosamente planejados de outras atividades de extensão em sala de aula. Projetos extraordinários:

- Reconhecem o *impulso para aprender*, intrínseco dos alunos, sua capacidade de realizar trabalho importante e sua necessidade de serem levados a sério colocando-os no centro do processo de aprendizagem.
- Envolvem os alunos nos conceitos e princípios centrais de uma disciplina. O trabalho do projeto é *central* em vez de periférico no programa de ensino.
- Destacam questões provocativas que levam os alunos à *exploração aprofundada de tópicos autênticos e importantes*.
- Requerem a utilização de *ferramentas e habilidades* essenciais, incluindo tecnologia para aprendizagem, autogestão e gestão do projeto.
- Especificam *produtos* que resolvem problemas, explicam dilemas ou apresentam informações geradas mediante investigação, pesquisa ou raciocínio.
- Incluem *múltiplos produtos* que permitem *feedback* freqüente e oportunidades consistentes para que os alunos aprendam com a experiência.
- Utilizam *avaliações baseadas em desempenho* que comunicam altas expectativas, apresentam desafios rigorosos e requerem uma série de habilidades e de conhecimentos.
- Estimulam alguma forma de *cooperação*, seja mediante pequenos grupos, apresentações conduzidas pelos alunos ou avaliações dos resultados do projeto por toda a classe.

O modelo de ABP do BIE também confronta uma necessidade singular no campo da ABP: criar projetos *focados em padrões* que se coadunem com a era da ênfase na garantia de sucesso na aprendizagem e do desempenho. É comum a utilização de projetos como diversão ou como eventos de mudança de ritmo depois que as atividades extraclasse, as aulas e as provas foram concluídas. Na ABP focada em padrões, os alunos são conduzidos pelo programa de ensino por uma questão orientadora ou problema autêntico que cria a necessidade de conhecer o material. A questão orientadora está relacionada com padrões de conteúdo no currículo, e a avaliação é explicitamente planejada para avaliar o conhecimento de conteúdo dos alunos.

> Na ABP focada em padrões, os alunos são conduzidos pelo programa de ensino por uma questão orientadora ou problema autêntico que cria a necessidade de conhecer o material.

De modo semelhante, a Aprendizagem Baseada em Projetos às vezes é equiparada à Aprendizagem Baseada em Investigação ou Experiência. Embora a ABP tenha algumas características em comum com esses dois termos, a ABP focada em padrões visa reconhecer a importância dos padrões e da avaliação da aprendizagem do aluno. Em tempos de garantia de sucesso na aprendizagem, em que a realização de exames e o desempenho ocupam um lugar de destaque no pensamento de pais e educadores, é imperativo que todos os métodos de ensino incorporem altos padrões, desafios rigorosos e métodos de avaliação válidos.

OS BENEFÍCIOS DA ABP

Como campo, a ABP ainda está em fase de desenvolvimento. Por exemplo, não existem pesquisa ou dados empíricos suficientes para afirmar que a ABP é uma alternativa comprovada para outros métodos de ensino. Com base em evidências reunidas durante os últimos dez anos, a ABP parece ser um modelo equivalente ou ligeiramente superior para produzir melhorias no desempenho acadêmico, embora os resultados variem com a qualidade do projeto e com o nível de envolvimento dos alunos. Além disso, a ABP não é adequada como método para ensinar algumas habilidades básicas, tais como leitura ou computação; entretanto, ela fornece um ambiente para a aplicação dessas habilidades.

Mais importante, existem evidências de que a ABP melhora a qualidade da aprendizagem e leva a um desenvolvimento cognitivo de nível superior por meio do envolvimento dos alunos em problemas novos e complexos. Também não há dúvida de que a ABP ensina aos alunos processos e procedimentos complexos tais como planejamento e comunicação. Atingir essas metas, porém, exige tempo para que professores e alunos dominem os comportamentos e as estratégias necessárias para uma ABP bem-sucedida.

> A ABP pode ajudá-lo como professor a criar uma sala de aula de alto desempenho em que você e seus alunos formam uma comunidade de aprendizagem poderosa focada na realização, no autodomínio e na contribuição para a comunidade.

Além de pesquisas, existem relatos convincentes de professores de que a ABP é um método de ensino rigoroso, relevante e envolvente que apóia investigações autênticas e aprendizagem autônoma dos alunos. Além de encorajar proficiência acadêmica e atender as metas tradicionais da educação, a ABP tem importantes benefícios para os alunos de hoje. Professores relatam que a ABP:

- Supera a dicotomia entre conhecimento e pensamento, ajudando os alunos a "saber" e "fazer".
- Apóia os alunos no aprendizado e na prática de habilidades na resolução de problemas, na comunicação e na autogestão.
- Incentiva o desenvolvimento de hábitos mentais associados com aprendizagem contínua, a responsabilidade cívica e o êxito pessoal ou profissional.
- Integra áreas curriculares, instrução temática e questões comunitárias.
- Avalia desempenho no conteúdo e nas habilidades, utilizando critérios semelhantes àqueles existentes no mundo do trabalho, encorajando assim a aprendizagem bem-sucedida, a fixação de metas e o melhor desempenho.
- Cria comunicação positiva e relações cooperativas entre diferentes grupos de estudantes.
- Atende as necessidades de aprendizes com diferentes níveis de habilidade e estilos de aprendizagem.
- Envolve e motiva estudantes entediados ou indiferentes.

Como qualquer método de ensino, a ABP pode ser utilizada de maneira efetiva ou não. Na melhor das hipóteses, a ABP pode ajudá-lo como professor a criar uma sala de aula de alto desempenho em que você e seus alunos formam uma comunidade de aprendizagem poderosa focada na realização, no autodomínio e na contribuição para a comunidade. Ela permite que você focalize idéias centrais e questões de destaque em seu programa de ensino, crie atividades envolventes e instigantes na sala de aula e promova uma aprendizagem autônoma entre seus alunos.

A ABP NA SUA SALA DE AULA

O planejamento de um projeto deve levar em consideração o que é possível fazer na sua sala de aula. O escopo de um projeto será afetado pelos horários de aula, pela época do ano, por provas padronizadas e por uma miríade de outros fatores que afetam seu trabalho. Talvez a primeira questão que geralmente surja seja: eu tenho tempo para realizar esse projeto? Para responder a essa pergunta, é útil *não* pensar a ABP como algo que toma tempo do programa regular de ensino. Em vez disso, considere um projeto focado em padrões como um método central de ensino e aprendizagem que substitui o ensino convencional de uma parte de seu programa. Os projetos focados em padrões fornecem aos alunos as mesmas informações essenciais que você poderia oferecer com aulas expositivas e debates. Os professores de ABP também descobrem que têm consideravelmente menos atividades para "manter os alunos ocupados" em sala de aula. E, embora os projetos levem tempo para serem planejados, os professores têm mais tempo para trabalhar com os alunos uma vez iniciada essa atividade.

COBERTURA E "NÃO-COBERTURA"

É verdade que os projetos não se prestam para cobrir uma extensa lista de assuntos, como freqüentemente ocorre na sala de aula. Porém, quando se trata de educação, menos é mais. Se você tem limitações de tempo e necessidade de incluir muitos tópicos em seu programa de ensino durante um ano, pode querer considerar o conceito de "não-cobertura". Isso significa tomar deliberadamente uma decisão sobre assuntos que você deseja ensinar em profundidade em contraste com tópicos que podem ser simplesmente "cobertos". Que partes de seu programa de ensino podem ser abordadas com facilidade por meio de aulas ou proposição de tarefas? Que partes exigem maior profundidade? Identifique os tópicos que refletem as idéias e os conceitos mais importantes em seu programa de ensino e incorpore-os aos projetos. Esses são os tópicos com que você quer que os estudantes trabalhem. Os outros podem ser abordados por meio de instrução direta.

SEUS ALUNOS SÃO CAPAZES?

Duas perguntas sobre os alunos surgem imediatamente quando você está pensando sobre um projeto. Qual será o grau de envolvimento deles? Eles são capazes de realizar o projeto, tanto comportamental quanto academicamente? A autonomia dos alunos é uma das marcas da ABP. Ainda assim, a maioria dos professores introduz a autonomia dos alunos por etapas, dependendo da idade e da experiência deles. Antes de planejar seu projeto, pense sobre o grau de envolvimento que você deseja que seus alunos tenham com sua formulação e que grau de autonomia eles terão para realizar as atividades do projeto. Você pode querer selecionar o tópico do projeto, especialmente para o primeiro projeto em sua classe. Com alunos que são ávidos e preparados, você pode querer que eles escolham o tópico do projeto e definam os resultados de aprendizagem. Sua função torna-se a de treinador e facilitador, ajudando os alunos a formular o projeto para que ele atenda a padrões de conteúdo e permita diversas avaliações.

Seus alunos estão prontos e são capazes? Essa pergunta só pode ser respondida com base em sua experiência e seu conhecimento. Este livro oferece idéias de como dar sustentação às aulas para que os alunos se preparem melhor para o conhecimento acadêmico e para as habilidades de que eles podem necessitar para ser bem-sucedidos no projeto. Muitas vezes, os professores não introduzem os projetos antes de meados do outono* ou depois, dando-lhes tempo para avaliar os estudantes e prepará-los para o trabalho do projeto. Se os alunos ainda não têm experiência com projetos, vale a pena lembrar que eles vão necessitar de treinamento em habilidades como cooperação, pesquisa, gerenciamento do projeto e apresentações orais. Além disso, você terá que gerenciá-los de perto até que eles tenham desenvolvido suas capacidades de autogestão.

SEU ESTILO E SUAS HABILIDADES

Depois de sentirem-se confortáveis com a ABP, os professores geralmente acham que o ensino com projetos é mais gratificante e prazeroso. A ABP é um modo de trabalhar com os alunos à medida que eles descobrem mais sobre si e sobre o mundo, e isso proporciona satisfação profissional. Entretanto, além de fortes habilidades de ensino e de organização, a ABP requer que os professores facilitem e administrem o *processo* de aprendizagem. Em vez de basear-se no modelo da criança

* N. de R.T.
As referências a eventos em estações do ano específicas devem ser analisadas considerando a realidade e a organização escolar norte-americana, cujo ano escolar, em geral, se inicia no final de agosto e termina no começo de junho, com a previsão de uma a duas semanas de recesso escolar por ocasião do Natal e da Páscoa. No caso específico da referência à introdução de projetos, a idéia é que esta ocorre em geral após as atividades do ano letivo terem entrado em um ritmo regular, com algumas rotinas e expectativas já estabelecidas antes do lançamento de um projeto.

como receptáculo vazio a ser preenchido, os professores de ABP devem criar tarefas e condições sob as quais as idéias dos alunos possam ser reveladas – um processo de criação conjunta que envolve investigação, diálogo e construção de habilidades à medida que o projeto avança.

Embora a maior parte dos professores reconheça que a aprendizagem ativa é vital, nem todos nós reagimos da mesma forma a um processo aberto. Os projetos às vezes são descritos como caóticos ou confusos (embora um projeto bem-estruturado apenas pareça desorganizado – trata-se do ambíguo processo de resolução de problemas que está em curso). Antes de um projeto é um bom momento para refletir sobre seu estilo e habilidades de ensino. Como você vai atuar no ambiente de ABP? Você se sente à vontade com os alunos andando pela sala de aula ou com a ambigüidade que caracteriza um processo de aprendizagem mais aberto?

Depois de sentirem-se confortáveis com a ABP, os professores geralmente acham que o ensino com projetos é mais gratificante e prazeroso. A ABP é um modo de trabalhar com os alunos à medida que eles descobrem mais sobre si e sobre o mundo, e isso proporciona satisfação profissional.

Talvez seja útil fazer a si mesmo a seguinte pergunta: você prefere ser líder ou administrador? Os líderes facilitam a resolução de problemas em um grupo e ajudam o grupo a encontrar suas próprias soluções. Os administradores controlam o processo e procuram resultados preestabelecidos. Na realidade, bons professores se alternam entre os dois papéis. Porém, se você estiver hesitante em liberar o controle sobre os alunos, você pode preferir evitar projetos ou começar lentamente até sentir-se confortável e habilitado para conduzi-los.

Como líder, seu trabalho é ajudar os alunos a produzir um produto superior facilitando o aprendizado. À medida que os alunos reúnem dados e avançam na resolução de problemas, eles encontram obstáculos e oportunidades. No cerne da ABP bem-sucedida está sua capacidade de dar apoio e orientação aos alunos (ou inversamente, sua capacidade de deixá-los trabalhar com um problema ou informação enquanto buscam respostas e soluções). Isso exige habilidades interpessoais e comunicativas, assim como a capacidade de definir a agenda da aula e levar um projeto a uma efetiva conclusão. Isso inclui ser sensível ao fato de que os alunos concluem o trabalho em ritmos diferentes, com diferentes capacidades, aptidões e estilos de aprendizagem.

* N. de R.T.
Casas e academias resultam da divisão de grandes escolas, com cerca de 3 mil alunos, em escolas menores, tendo entre 500 e 600 alunos. Essas casas e academias, em geral, focam temas e oferecem um ou mais cursos relacionados a esses temas. (*Colaboração: Dr. John R. Mergendoler, Diretor Executivo do BIE*).

A ABP E A SUA ESCOLA

A ABP funciona muito bem em escolas com regime estendido de horários em vez dos períodos usuais de 50 minutos. De modo semelhante, quando as escolas são formadas em torno de pequenas comunidades de aprendizagem, tais como academias ou casas*, a ABP é uma ferramenta natural de ensino e aprendizagem. Mas, mesmo que sua escola não possua essas características, é possível criar excelentes projetos para os alunos.

Você vai descobrir também que bons projetos em sala de aula encorajam mudanças na cultura e na estrutura das escolas. As escolas são cada vez mais pressionadas para elevar os padrões, aperfeiçoar o ambiente e personalizar a educação. A ABP pode contribuir significativamente para esse processo incentivando a colaboração dos professores, motivando os alunos para a realização, utilizando as ferramentas e a linguagem de gestão de projetos e de mudança organizacional, e ajudando a incorporar resultados de aprendizagem da escola como um todo ao programa de ensino. Em especial, a ABP se encaixa bem com os esforços para criar uma cultura escolar de alto desempenho que valorize tanto o rigor quanto a relevância. Além disso, projetos são uma excelente forma de envolver os pais e os membros da comunidade no processo educacional, resultado que freqüentemente traz mais apoio para a escola e melhor compreensão das necessidades dos alunos.

Uma pergunta comum dos professores de escolas de baixo desempenho é: a ABP pode funcionar em minha escola? Sim. Para alunos com problemas com habilidades básicas, pode ser necessário incluir ensino mais direto durante um projeto, formular projetos mais curtos ou aliar os projetos a padrões mais específicos e em menor número. Mas a ABP oferece a todos os alunos a oportunidade de investigar assuntos autênticos de seu interesse, envolvendo-os, assim, no processo de aprendizagem de uma forma que o ensino tradicional não permite.

COMECE COM O FIM EM MENTE

FORMULE A QUESTÃO ORIENTADORA

PLANEJE A AVALIAÇÃO

MAPEIE O PROJETO

GERENCIE O PROCESSO

Criação e planejamento de projetos de sucesso

Sumário

COMECE COM O FIM EM MENTE

PRIMEIROS PASSOS 27

1. DESENVOLVA UMA IDÉIA DE PROJETO 27
2. DECIDA O ESCOPO DO PROJETO 28
   - O público do projeto 29
   - Autonomia dos alunos 29
3. SELECIONE PADRÕES 30
   - Capacidade de ler e escrever como padrão fundamental 30
4. INCORPORE RESULTADOS SIMULTÂNEOS 30
   - Habilidades 31
   - Hábitos mentais 31
5. TRABALHE A PARTIR DE CRITÉRIOS DE FORMULAÇÃO DE PROJETOS 31
   - Projetos *versus* estratégias de ensino baseadas em atividades 32
6. CRIE O AMBIENTE DE APRENDIZAGEM IDEAL 32

BANCO DE IDÉIAS

IDÉIAS DE PROJETOS
Mapeando sua comunidade 35

RESULTADOS DE PROJETOS
Identificação de habilidades 37
Habilidades e competências SCANS 38
Habilidades necessárias
  para êxito na era do conhecimento 39
As habilidades enGauge do século XXI 41
Hábitos mentais 42

FORMULAÇÃO DE PROJETOS
Os seis critérios para formular projetos 45

Grandes projetos se iniciam planejando-se o resultado final. Nesta seção você vai aprender a criar projetos práticos com temas interessantes e padrões elevados.

Ao iniciar o planejamento de seu projeto, é essencial adquirir uma idéia conceitual do terreno e da jornada à frente. A Aprendizagem Baseada em Projetos é um método de ensino poderoso, porém desafiador, que exige visão, estrutura e uma sólida compreensão do processo de aprendizagem. Bons projetos não ocorrem por acidente. Eles são resultado de rigoroso planejamento direto que inclui resultados ponderados, cronogramas e estratégias de gerenciamento.

Ao começar com o fim em mente, você vai aperfeiçoar sua capacidade de formular projetos e de comunicar a finalidade e o contexto de um projeto para seus alunos. Alunos que compreendem o significado do que estão aprendendo retêm mais informações, aplicam seu conhecimento com mais habilidade e sentem maior motivação para serem bem-sucedidos.

PRIMEIROS PASSOS

Nesta parte do livro, você vai encontrar seis passos que o ajudarão a começar a planejar um bom projeto:

- Desenvolva uma idéia de projeto;
- Decida o escopo do projeto;
- Selecione padrões;
- Incorpore resultados simultâneos;
- Trabalhe a partir de critérios de formulação de projetos;
- Crie um ambiente ideal de aprendizagem.

1 Desenvolva uma idéia de projeto

Se uma idéia para um projeto não lhe ocorrer enquanto anda pelos corredores de sua escola ou durante o almoço, onde você pode obter idéias para projetos? Eis sete sugestões para desenvolver idéias e temas:

- **Trabalhe em sentido contrário a partir de um tópico.** Idéias para projetos advêm de artigos, questões, atualidades, conversas e do sentimento de admiração. Muitas vezes elas surgem de discussões entre os integrantes de uma equipe de professores. Quando uma idéia lhe ocorrer, trabalhe no sentido de adaptá-la para que ela satisfaça os resultados e os padrões do programa de sua disciplina.
- **Utilize seus padrões.** Padrões representam uma síntese abrangente do que é importante em uma disciplina. Como tal, eles costumam capturar temas importantes que podem formar a base para projetos. Marcos de referência para os padrões também são importantes indicadores que podem inspirar e orientar o planejamento de produtos e de avaliações para projetos. Caso estejam disponíveis, você pode consultar exames anteriores de todo o Estado em busca de idéias.
- **Encontre projetos e idéias na internet.** Muitos *sites* da internet oferecem idéias e descrições de projetos bem-sucedidos em todas as disciplinas e em todos os níveis acadêmicos. Para *links*, visite *www.bie.org*.

- **Mapeie sua comunidade.** Fora dos limites da sala de aula existe um grande número de projetos. Utilizar grupos de estudantes para examinar sua comunidade local pode ser um modo emocionante e informativo de começar a fazer perguntas – e desenvolver temas para projetos. No **Banco de Idéias** nesta seção, descrevemos o processo de mapeamento da comunidade.
- **Faça uma correspondência com o que as pessoas fazem em seu trabalho diário.** Projetos podem se basear nas questões e nos problemas que as pessoas enfrentam em sua vida profissional, nas operações técnicas que definem seu ofício, nas expectativas do local de trabalho que definem sua vida cotidiana e nos problemas que os alunos encontram em sua vida escolar.
- **Alie o projeto a eventos locais e nacionais.** Utilize projetos para concentrar a atenção dos alunos nas controvérsias e questões do dia.
- **Enfoque o serviço à comunidade.** Projetos autênticos podem ser desenvolvidos facilmente em torno das necessidades da comunidade. Procure organizações sem fins lucrativos que precisem de auxílio ou conhecimento especializado.

2 Decida o escopo do projeto

Os projetos podem variar de trabalhos curtos e mais limitados, de uma ou duas semanas, até explorações mais abertas de duração muito mais longa. Muitas vezes, os projetos envolvem pesquisa de campo, entrevistas, visitas à biblioteca e pesquisas na comunidade. As decisões relativas ao escopo das atividades no projeto devem ser tomadas antes do seu início e devem se basear na experiência e prontidão dos alunos, nos horários da escola, na matéria e no nível de conforto e conhecimento do professor.

Projetos baseados na comunidade que ajudam os alunos a trabalhar com adultos e investigar questões fora da sala de aula são ideais, pois a ABP funciona bem com questões autênticas. Essas investigações abertas possibilitam muitas soluções diferentes para os problemas. Se não for possível fazer os alunos saírem da sala de aula para um projeto, cogite trazer adultos da comunidade, como artistas ou especialistas convidados – não apenas por um dia, mas para trabalhar com os alunos durante o projeto.

ESCOPO DO PROJETO

	Projeto pequeno ⟷	Projeto ambicioso
Duração	Cinco a dez dias	Maior parte do semestre
Amplitude	Um tópico	Múltiplas disciplinas
	Um padrão	Múltiplos padrões
Tecnologia	Limitada	Extensa
Alcance	Sala de aula	Comunidade
Parceria	Um professor	Múltiplos professores e membros da comunidade
Público	Classe ou escola	Equipe de especialistas

O público do projeto

Uma consideração vital que determina o escopo de um projeto é o público dos produtos que os alunos vão produzir. Um público formado por integrantes da comunidade ou por adultos especialistas para uma apresentação final aumenta o interesse dos alunos e produz os melhores desempenhos. De modo semelhante, um público composto apenas de integrantes da classe geralmente não desperta o mesmo interesse nem produz os mesmos resultados. Mas um projeto com um público autêntico pode também requerer mais tempo para que os alunos dominem os resultados e se preparem para uma apresentação final bem-sucedida.

Autonomia dos alunos

As experiências e as capacidades dos alunos também influenciam o escopo do projeto. A autonomia do aluno é uma das marcas características da ABP. Ainda assim, a maioria dos professores estimula a autonomia dos alunos em etapas, dependendo da idade e da experiência deles. Antes de formular seu projeto, pense sobre o quanto deseja que seus alunos participem do seu planejamento.

A FORMULAÇÃO DO PROJETO E O PAPEL DOS ALUNOS

Participação limitada dos alunos ⟵		⟶ Participação máxima dos alunos
Professor seleciona tópico	Professor solicita participação dos alunos	Alunos selecionam tópico
Professor define resultados de aprendizagem	Professor e alunos negociam resultados de aprendizagem	Alunos definem resultados de aprendizagem

De modo semelhante, os projetos variam na autonomia que os estudantes recebem para definir as atividades diárias do projeto. Alguns professores planejam e organizam produtos e atividades e esperam que os alunos façam as coisas conforme o planejado. Outros permitem que os alunos sugiram novos produtos e desempenhem um papel mais ativo na definição do modo como o projeto vai se desdobrar.

ATIVIDADES DO PROJETO E O PAPEL DOS ALUNOS

Autonomia limitada dos alunos ⟵		⟶ Autonomia máxima dos alunos
Professor define produtos e atividades	Professor solicita participação dos alunos	Alunos definem produtos e atividades
Professor controla cronograma e ritmo do projeto		Alunos determinam cronograma e ritmo do projeto

3 Selecione padrões

O sucesso na aprendizagem exige padrões claros e práticas sólidas de avaliação. Na ABP – como em todas as boas práticas baseadas em padrões –, a pergunta fundamental é: o que você quer que seus alunos saibam e sejam capazes de fazer? Mais informalmente, você poderia formular a pergunta da seguinte maneira: que tópicos deixaria você constrangido se, ao final do projeto, seus alunos não fossem capazes de debatê-los?

O processo de identificar padrões começa antes do projeto, muitas vezes até antes do início do ano letivo. Examine os padrões de seu Estado* que orientam seu ensino e identifique aqueles que você acredita que melhor serão atendidos por meio de ensino baseado em projetos. Uma dica importante é não tentar atender um número excessivo de padrões em um pequeno projeto – no máximo três padrões por assunto é o melhor (se seu projeto for interdisciplinar ou de prazo mais longo, faça o ajuste necessário). Incluir uma longa lista de padrões no planejamento do projeto dá a ilusão de atingir muitas metas educacionais, mas avaliar um número excessivo de padrões é difícil. Você não quer planejar resultados que não pode avaliar. Se você tiver outros padrões que espera que os alunos alcancem, tudo bem. Mas eles não devem ser o foco de seu projeto atual.

Projetos costumam começar com uma visão ou idéia despertada por uma discussão ou por um artigo. Se uma idéia para um projeto começa a se desenvolver em sua mente, trabalhe retroativamente a partir dessa idéia e de produtos em direção aos padrões que você precisa ensinar. O importante é ter clareza sobre que padrões serão avaliados no projeto e como os produtos darão a todos os alunos a oportunidade de demonstrar o que aprenderam.

Uma segunda fonte de padrões e resultados são os resultados de seu distrito** ou escola. Muitos distritos e escolas passaram por um extenso processo de desenvolvimento de padrões e adotaram um conjunto de resultados baseados em dados da comunidade e dos professores. Incorporar um ou dois desses resultados ao projeto ajuda a fazer dos resultados do distrito ou da escola uma realidade.

Capacidade de ler e escrever como padrão fundamental

A capacidade de ler e escrever é uma preocupação fundamental nas escolas. Recomenda-se a inclusão de ao menos um resultado ligado a isso em seu projeto, juntamente com um produto importante que possa ser utilizado para avaliar as estratégias de escrita, fala ou leitura.

4 Incorpore resultados simultâneos

A ABP não é apenas um modo de aprender; ela é também um modo de trabalhar em grupo para reunir e apresentar informações. A colaboração é parte integrante de projetos bem-sucedidos, assim como o são produtos baseados em desempenho, como exposições e apresentações orais. Um aspecto poderoso da ABP é que ela permite que os professores incorporem mais do que resultados acadêmicos às atividades em sala de aula – na forma de hábitos mentais e habilidades específicas – e construam a capacidade dos alunos para trabalhar habilidosamente.

---

* N. de R.T.
Esta orientação remete o professor a consultar as diretrizes curriculares vigentes, estabelecidas em termos nacionais, estaduais ou municipais, em conformidade com a política educacional brasileira. Como exemplo, poderíamos citar os PCNs – Parâmetros Curriculares Nacionais.

** N. de R.T.
Distrito se refere a distrito escolar, que corresponde a um agrupamento de escolas norte-americanas, abrangendo uma área geográfica específica.

Habilidades

O **Banco de Idéias** nesta seção do livro vai dar exemplos de habilidades que podem ser ensinadas e avaliadas em projetos. Por exemplo, as habilidades SCANS representam uma lista de habilidades profissionais elaborada por um comitê conjunto dos Ministérios do Trabalho e da Educação dos Estados Unidos, com base em extensas entrevistas com representantes do comércio e da indústria. Essa lista e outras focam a atenção na necessidade de os estudantes serem capazes de trabalhar em grupos, gerenciar projetos, cumprir prazos, apresentar informações, pensar criticamente, resolver problemas e utilizar a tecnologia com sabedoria.

> Hábitos mentais são as qualidades mais profundas da aprendizagem e do pensamento que são vitais para a aprendizagem contínua, o êxito no mundo do trabalho e a satisfação pessoal.

Ao iniciar a formulação de um projeto, identifique uma ou duas habilidades que os alunos vão utilizar nele. Pense sobre como você vai incorporar avaliações para essas habilidades. Observe que as habilidades são melhor avaliadas utilizando-se medidas baseadas em desempenho alinhadas com um guia de pontuação, como, por exemplo, um roteiro de avaliação. Na seção **Planeje a Avaliação** deste livro, descreveremos como criar e utilizar um roteiro.

Hábitos mentais

Outra categoria de resultados também é possível: hábitos mentais. Eles são as qualidades mais profundas da aprendizagem e do pensamento que são vitais para a aprendizagem contínua, o êxito no mundo do trabalho e a satisfação pessoal. O **Banco de Idéias** cita exemplos de hábitos mentais, como curiosidade, flexibilidade e perseverança, mas sinta-se livre para escolher os seus. Que qualidades você considera importantes que os jovens nutram e desenvolvam? Escolha uma e a incorpore como resultado para o projeto. Medir esse resultado é um desafio, como o são outras qualidades impalpáveis importantes na vida. Utilize diários ou relatos individuais dos alunos para coletar informações de avaliação qualitativa sobre hábitos mentais.

5 Trabalhe a partir de critérios de formulação de projetos

A partir das considerações anteriores, não resta dúvida de que bons projetos não acontecem por acaso, mas se baseiam em critérios importantes que o ajudam a estruturar cuidadosamente o projeto e dão suporte para seu êxito. Um conjunto simples de seis critérios é apresentado no **Banco de Idéias** desta seção. Utilizando esses critérios, um projeto deve incluir autenticidade, rigor acadêmico, aprendizagem aplicada, exploração ativa, conexões com adultos e práticas de avaliação consistentes.

Durante o planejamento, pergunte a si mesmo se o projeto atende outros critérios importantes. O projeto:

- Satisfaz padrões?
- Envolve alunos?

- Concentra-se na compreensão do essencial?
- Incentiva pensamentos de nível superior?
- Ensina a ler e escrever e reforça habilidades básicas?
- Permite que todos os alunos sejam bem-sucedidos?
- Utiliza avaliações claras e precisas?
- Requer uso sensato de tecnologia?
- Aborda questões autênticas?

EVITE AS ARMADILHAS

Não justifique um projeto somente pelo fato de que os alunos estão exercitando suas mentes. Existe, às vezes, uma tendência a endossar o uso de ABP porque o trabalho e o pensamento envolvidos no projeto parecem ser intrinsecamente "de ordem superior". Os alunos não aprenderão novas habilidades da ABP a menos que sejam desafiados a isso pelas condições do projeto. As tarefas, os comportamentos ou as exigências do projeto devem estimular os alunos a desenvolver novas habilidades ou a construir novos conhecimentos.

Projetos *versus* estratégias de ensino baseadas em atividades

Projetos não são uma idéia instrucional nova. Entretanto, projetos bem planejados que satisfazem os critérios de ABP diferem das atividades, ou mesmo dos projetos, que são tradicionalmente utilizados nas salas de aula. As diferenças são ilustradas na Tabela da página 33.

6 Crie o ambiente de aprendizagem ideal

Os professores podem influenciar no sucesso do projeto criando condições ideais de trabalho. Criar ou modificar o ambiente de aprendizagem é uma das estratégias que os professores utilizam para aumentar o interesse dos alunos:

- **Estabeleça uma ou mais conexões entre seu projeto e a comunidade.** Um dos efeitos motivacionais mais poderosos da ABP pode ser observado quando os alunos recebem trabalho autêntico para fazer fora da escola e em cooperação com parceiros experientes. As possibilidades incluem parcerias ou associações com outras classes, outras escolas ou com a comunidade externa, contatos eletrônicos com pessoas, grupos ou classes distantes, e orientações de organizações comunitárias.
- **Mude o visual e o "astral" de sua sala de aula.** Muitos professores transformam suas salas de aula em escritório ou laboratório para aumentar a autenticidade do projeto. Eles dividem a sala para dar aos grupos espaços privados para trabalhar e para guardar seu trabalho. Isso incentiva os alunos a se sentirem donos de seus projetos e pode aumentar o interesse deles.

PROJETOS *VERSUS* ESTRATÉGIAS DE ENSINO BASEADAS EM ATIVIDADES

Temas de exemplo	Ensino baseado em atividades	Aprendizagem baseada em projetos	Diferenças entre as duas estratégias de ensino
Batalhas na Guerra Civil	Faça um passeio de campo a Gettysburg. Escreva um relato sobre a experiência	Investigue a questão de "Como poderíamos tornar as guerras menos sangrentas?". Utilize Gettysburg como exemplo de uma batalha com muitas mortes, comparando-a com outras. Monte um portfólio, incluindo um ensaio e um diário de respostas escritas, e depois conclua com um debate.	Os alunos investigam uma questão geral desafiadora. Atividades diferentes são realizadas no contexto do desafio. É improvável que uma única atividade possa responder ao desafio.
Poluição sonora	Escute sons diferentes. Faça um gráfico. Identifique características de sons comuns que perturbam a audição.	Identifique cinco problemas de poluição sonora na comunidade. Forme uma força-tarefa para investigar os problemas e crie soluções tecnicamente viáveis para cada um deles.	Embora as tarefas baseadas em atividades sejam úteis para o ensino, as tarefas em si podem não ser instigantes. A abordagem baseada em projetos, em contraste, define um desafio abrangente e insere essas tarefas (ouvir, desenhar, identificar características) em um projeto comunitário significativo.
Arquitetura antiga	Faça cartazes que mostrem a arquitetura do Egito antigo.	Elabore um estudo de caso sobre as pirâmides utilizando a pergunta "Como as pirâmides foram construídas?" para abordar cinco questões controversas: origem do projeto, origem dos materiais, tempo de conclusão, método de transporte de materiais e conteúdo das câmaras.	O projeto aborda princípios e questões fundamentais, tem uma questão abrangente que envolve o pensamento crítico e a criatividade dos alunos e reflete investigações e mistérios históricos da atualidade.
Geometria	Observe e meça diversos prédios da escola e registre os dados.	Elabore um projeto para uma "escola do futuro" com desenhos e maquetes em escala, levando em consideração o local e as necessidades previstas. Apresente o projeto para uma platéia de autoridades da escola ou especialistas comunitários.	Este projeto complexo não se restringe apenas a "fazer os alunos levantar da cadeira". Ele exige aplicação de conceitos e uma defesa das escolhas feitas.

E mantenha em mente três idéias para aumentar a aprendizagem na sala de aula:

- **Veja o todo antes de praticar as partes.** Crianças pequenas vêem seus pais caminharem antes de suas habilidades motoras começarem a se desenvolver. Aprendizes em uma alfaiataria aprendem a costurar trajes a partir de peças pré-cortadas antes de aprenderem a fazer os cortes. Nessas situações, os aprendizes vêem o todo antes de trabalharem nas partes. Contudo, esse raramente é o caso nas escolas. Como disse um aluno, "Na escola, eu faço pedacinhos de tudo, mas eles não se fixam no meu cérebro". Os pesquisadores dizem que é importante que os alunos desenvolvam uma idéia – e um mapa conceitual – de todo o terreno. Depois, o professor pode começar a incorporar as habilidades e os conceitos necessários para desempenho experiente e pode ensinar os alunos a identificar condições sob as quais várias habilidades e estratégias se aplicam.

- **Estude o conteúdo e aplique-o a problemas autênticos.** O conhecimento especializado consiste não apenas em conhecer conceitos, informações e procedimentos, mas também em ser capaz de aplicá-los a problemas. No local de trabalho, os adultos utilizam conhecimento tanto de conteúdo quanto de processo. Entretanto, o conhecimento em sala de aula muitas vezes é inerte em vez de dinâmico; os alunos podem não desenvolver a capacidade de dar sentido às informações e de pensar sobre como e quando utilizá-las. Pesquisas revelam que o conhecimento não se transfere a novas situações se os alunos não aprendem também estratégias e processos de resolução de problemas.

- **Faça com que a atividade extraclasse seja mais semelhante a um trabalho de verdade.** Ambientes de aprendizagem dentro e fora da escola diferem em vários aspectos importantes. Por exemplo, aprender na escola pode ser basicamente uma atividade mental individual que exige pouco ou nenhum envolvimento com ferramentas ou materiais. O aprendizado fora da escola geralmente envolve outras pessoas, assim como ferramentas e materiais disponíveis. Aprender na escola depende muito de sistemas simbólicos que não se relacionam a coisas e situações que façam sentido para os alunos; fora da escola, os pensamentos e as ações se baseiam na lógica de situações imediatas. Fred Newmann e seus colegas na Universidade de Wisconsin estudaram o modo como 24 escolas ensinaram matemática e estudos sociais.* Depois de fixarem padrões de ensino e aprendizagem (que tinham características semelhantes àquelas enfatizadas nas seis habilidades básicas), os pesquisadores constataram que as notas dos alunos em testes padronizados e em avaliações alternativas eram mais altas quando as aulas envolviam trabalho semelhante a situações reais.

---

* F. Newmann e G. Wehlage, *Succsessful School Restructuring: Highlights of Findings*, 1995. (Distribuído pela Association for Supervision and Curriculum Development, Alexandria, Virginia.)

IDÉIAS DE PROJETOS
MAPEANDO SUA COMUNIDADE

A Adopt-a-Watershed, uma organização conservacionista dos Estados Unidos, concentrada em projetos locais em escolas, utiliza uma técnica de mapeamento da comunidade para desenvolver idéias para projetos. A seguir apresentamos uma versão adaptada desse processo que pode ser utilizada pelos alunos para desenvolver projetos baseados em comunidade. Os alunos se dividem em grupos e fazem perguntas sobre suas comunidades. Em conjunção com tópicos e padrões apropriados do programa escolar, as respostas para essas perguntas podem levar a projetos envolventes, orientados à comunidade. Exemplos de perguntas que os alunos podem fazer sobre sua comunidade são:

- Que culturas compõem a comunidade?
- Quantas culturas diferentes existem? Descreva-as.
- Que oportunidades existem para aprendizagem/ensino?
- Quais são os empreendimentos locais que promovem o crescimento econômico?
- Quais são as organizações comunitárias locais?
- Que comemorações ocorrem na comunidade?
- Que ações de cidadãos estão ocorrendo em torno de uma questão crítica?
- Quais são as áreas problemáticas da comunidade, tais como: ruído, poluição, moradia inadequada, pichações, desagregação ou lixo?
- Que questões políticas locais atingem a comunidade?
- Que talentos locais existem na comunidade?
- Quais são os projetos comunitários desenvolvidos por jovens?
- Quais são as histórias locais?
- Quem é a pessoa mais importante na comunidade?
- Quem toma as decisões?
- Quem é a pessoa mais respeitada, sábia, abastada ou amada na comunidade?
- Como essas pessoas se relacionam com as oportunidades de aprendizagem e ensino?

Se os alunos entrevistarem pessoas na comunidade para ajudar a responder às perguntas acima, eles podem perguntar aos seus conterrâneos:

- O que é importante para eles?
- Quais são as suas maiores necessidades?
- Que questões ambientais lhes são importantes?

- Quais são os membros comunitários importantes envolvidos nessas questões?
- Quais são os relacionamentos/parcerias importantes?
- Como uma pessoa que deseja ajudar na questão poderia ser envolvida?
- O que está faltando no que estamos fazendo?

Como classe, os alunos podem refletir sobre o seguinte:

- Que padrões ou relações imprevistas entre características ou sistemas você observou?
- Que oportunidades existem para aprendizagem e ensino?
- Que oportunidades e recursos existem para aprender mais sobre o problema/questão?
- Que oportunidades e recursos existem para encontrar soluções para o problema?
- Quem mais precisamos incluir para maximizar o benefício à comunidade?
- Como você vai aplicar sua nova consciência do problema ao retornar a seu programa?

Depois que o tema do projeto estiver definido, trabalhe retroativamente para vincular o tema aos padrões curriculares e formule um projeto focado em padrões.

"Mapeando sua comunidade" é adaptado de Adopt-a-Watershed.

RESULTADOS DE PROJETOS
IDENTIFICAÇÃO DE HABILIDADES

As habilidades a seguir podem ser incluídas como resultados em projetos.

COMUNICAÇÃO	TECNOLOGIA	PROCESSO DE GRUPO	PLANEJAMENTO
FALAR Persuadir, falar em público e debater APRESENTAR Planejar e fazer apresentações orais ESCREVER Fazer redação técnica, elaborar relatórios e escrita expositiva. TRADUZIR Converter informações de um formato para outro TOMAR NOTAS Resumir, esboçar e outras habilidades de estudo PUBLICAR Utilizar editoração eletrônica, utilizar ilustrações, etc.	Ter capacitação técnica Utilizar a internet Utilizar processador de texto Utilizar outros aplicativos para computador Utilizar tecnologia (telefones, computadores, bússolas, câmeras de vídeo e gravadores de áudio)	Delegar e atribuir papéis Trabalhar em equipe Ouvir RESOLUÇÃO DE CONFLITOS Sintetizar visões diversas e utilizar estratégias de conciliação e de concordância e discordância COMUNICAÇÃO Dar e conduzir entrevistas, apresentar-se a grupos, relatar o progresso	Utilizar um processo de planejamento Planejar habilidades e estratégias Fixar metas Utilizar critérios ou roteiros para orientar o trabalho Utilizar uma abordagem de sistemas

RESOLUÇÃO DE PROBLEMAS E PENSAMENTO CRÍTICO	GERENCIAMENTO DE TAREFA E AUTOGESTÃO
Categorizar e analisar Extrapolar, aplicar ou estender explicações Avaliar evidências ou reivindicações Avaliar julgamentos de valor Desenvolver Gerar idéias Gerar analogias Utilizar estratégias de resolução de problemas Realizar "tempestade de idéias" (*brainstorming*) Resolver problemas utilizando analogias Utilizar estratégias de busca/pesquisa Buscar e dar explicações abrangentes Esclarecer tarefas Organizar, sintetizar e classificar informações Definir e descrever problemas Gerar hipóteses baseadas na informação Testar e avaliar hipóteses utilizando dados Extrair conclusões justificadas Utilizar estratégias de tomada de decisões	GERENCIAMENTO DO TEMPO Apresentar trabalho em tempo oportuno, utilizar estimativas e cronogramas, monitorar o tempo, saber usar o tempo eficientemente e utilizar estratégias para resolver problemas GERENCIAMENTO DE TAREFA Esclarecer tarefas, planejar, estabelecer prioridades, acompanhar o progresso e avaliar soluções GERENCIAMENTO DE RECURSOS (ORGANIZAÇÃO) Seguir instruções, manter arquivos e classificar ESTRATÉGIAS DE AUTOGESTÃO Auto-regulação, auto-avaliação, automonitoramento, auto-reforço e utilização de retorno apropriado (*feedback*)

"*Identificar habilidades*" *é adaptado do trabalho de John Thomas.*

RESULTADOS DE PROJETOS
HABILIDADES E COMPETÊNCIAS SCANS

A lista SCANS – cujo nome provém de Secretary's Commission on Achieving Necessary Skills – foi desenvolvida pelos Ministérios do Trabalho e da Educação dos Estados Unidos como guia para educadores que querem ajudar os alunos a se preparar para o trabalho. A lista inclui cinco competências no local de trabalho e uma base em três partes de habilidades e qualidades pessoais necessárias para um sólido desempenho profissional.

Habilidades no local de trabalho
Profissionais eficientes sabem utilizar produtivamente

- **Recursos**
  Sabem alocar tempo, dinheiro, materiais, espaço e pessoal.
- **Habilidades interpessoais**
  Sabem trabalhar em equipes, ensinar os outros, atender clientes, liderar, negociar e trabalhar bem com pessoas de experiências culturais diferentes.
- **Informação**
  Sabem adquirir e avaliar dados, organizar e manter arquivos, interpretar e comunicar, e utilizar computadores para processar as informações.
- **Sistemas**
  Compreendem os sistemas sociais, organizacionais e tecnológicos, sabem monitorar e corrigir o desempenho e sabem planejar ou aperfeiçoar sistemas.
- **Tecnologia**
  Sabem selecionar equipamentos e ferramentas, aplicar tecnologia a tarefas específicas e manter e consertar equipamentos.

Habilidades de base
Profissionais competentes precisam de

- **Habilidades básicas**
  Leitura, escrita, aritmética e matemática, saber falar e ouvir.
- **Habilidades de pensamento**
  A capacidade de aprender, raciocinar, pensar criativamente, tomar decisões e resolver problemas.
- **Qualidades pessoais**
  Responsabilidade individual, auto-estima, autogestão, sociabilidade e integridade.

"As habilidades e competências SCANS" é adaptado de What work requires of schools: a SCANS report for America 2000 (*Washington, D.C.: U.S. Department of Labor, 1991*).

RESULTADOS DE PROJETOS
HABILIDADES NECESSÁRIAS PARA ÊXITO NA ERA DO CONHECIMENTO

Mais idéias para habilidades que podem ser incluídas nos projetos

SETE HABILIDADES	HABILIDADES COMPONENTES
Pensamento e ação críticos	Resolução de problemas, pesquisa, análise, gestão de projeto, etc.
Criatividade	Criação de novos conhecimentos, soluções de planejamento "de melhor encaixe", narração habilidosa de histórias, etc.
Colaboração	Cooperação, conciliação, consenso, construção de comunidade, etc.
Compreensão intercultural	Entre culturas étnicas, de conhecimento e organização diferentes
Comunicação	Elaboração de mensagens e uso efetivo dos meios de comunicação
Computação	Uso efetivo de informações eletrônicas e ferramentas de conhecimento
Independência na carreira e na aprendizagem	Gerenciamento da mudança, aprendizagem contínua e redefinição de carreira

Pensamento e ação críticos

Quem trabalha com o conhecimento precisa ser capaz de definir problemas em áreas complexas, coincidentes e pouco definidas; utilizar as ferramentas e os conhecimentos especializados disponíveis, tanto humanos quanto eletrônicos, para pesquisa e análise; planejar soluções e modos de ação promissores; gerenciar as implementações dessas soluções, avaliar resultados; e depois aperfeiçoar continuamente as soluções à medida que mudam as condições.

A fluência com o processo de planejamento, gestão do projeto, gestão da qualidade e métodos de pesquisa será importante, assim como a compreensão de conhecimento específico do conteúdo do campo envolvido, que mudará dramaticamente e terá que ser continuamente renovada "no momento exato". Bases de dados de informações *on-line*, rápido acesso a especialistas por correio eletrônico, e cursos baseados na internet são algumas das ferramentas que ajudarão nessa aprendizagem.

Criatividade

Criar novas soluções para velhos problemas, descobrir novos princípios e inventar novos produtos, criar novas maneiras para comunicar novas idéias, encontrar modos criativos de administrar processos complexos e equipes variadas de pessoas, todas essas habilidades serão altamente valorizadas na Era do Conhecimento.

Colaboração

O trabalho em equipe muitas vezes será a única opção para resolver problemas complexos ou para criar ferramentas, serviços e produtos complexos – talentos múltiplos serão essenciais. Da coordenação à colaboração, e da conciliação ao consenso, as habilidades para o trabalho em equipe, colaborativo e efetivo, serão uma característica necessária do trabalho na Era do Conhecimento.

Compreensão intercultural

Como extensão do trabalho em equipe, aqueles que trabalham com o conhecimento terão que ligar diferentes culturas étnicas, sociais, organizacionais, políticas e cognitivas de conteúdo para realizar seu trabalho. Em uma sociedade cada vez mais multicultural, uma economia cada vez mais global, um mundo de especializações técnicas crescentes e organizações menos hierárquicas, as habilidades interculturais serão cada vez mais valiosas.

Comunicação

Aqueles que trabalham com o conhecimento deverão ser capazes de criar comunicações em diversos meios e para diversos públicos. Diante do número estonteante de opções de comunicação disponíveis – relatório impresso, documento eletrônico, artigo de revista, artigo de *e-zine*, livro, livro eletrônico, anúncio impresso, anúncio de TV, anúncio na internet, telefonema, telefonema por celular, telefonema pela internet, correio de voz, telemarketing, fax, *pager*, página na internet, correio eletrônico, correio tradicional, planilha, simulação, base de dados, apresentação multimídia, *slides*, transparências, disquete, fita, vídeo, CD, DVD, rádio, TV, TV por Internet, teleconferência, realidade virtual – os profissionais terão sempre que escolher o meio certo para a mensagem certa para o público certo, juntamente com o desafio de fazer isso com a máxima eficiência e eficácia possíveis.

Computação

Na Era do Conhecimento, todos terão que ser capazes de ir além das habilidades básicas de computação para um alto nível de fluência digital e conforto na utilização de diversas ferramentas de informática para realizar tarefas da vida cotidiana. É evidente que aqueles que dominam as ferramentas de conhecimento da Era do Conhecimento serão muito mais bem-sucedidos na escola e no trabalho do que os que não as dominam.

Independência na carreira e na aprendizagem

Em uma época de trabalho "à vontade" e cada vez mais trabalho temporário e por contrato, os que trabalham com o conhecimento terão que administrar suas próprias trajetórias profissionais e sua aprendizagem contínua de novas habilidades. Uma vez que a maior parte do trabalho será baseada em projetos e altamente qualificada (em oposição a serviços que exigem pouca qualificação ou automação), a capacidade de administrar uma série progressiva de mudanças de um projeto para o outro e de aprender rapidamente o que é necessário para ter êxito em cada projeto será essencial para a sobrevivência profissional e para a aprendizagem contínua na Era do Conhecimento.

"As Sete Habilidades" é uma adaptação de Educational technology *de Bernie Trilling e Paul Hood (May/June 1999): 5-7. Para mais informações, contate btrilli@wested.org, phood@wested.org.*

RESULTADOS DE PROJETOS
AS HABILIDADES enGAUGE DO SÉCULO XXI

A força motriz do século XXI é o capital intelectual dos cidadãos. Avanços políticos, sociais e econômicos nos Estados Unidos durante este milênio serão possíveis somente se o potencial intelectual dos jovens estadunidenses for desenvolvido *agora*. Não deve constituir surpresa que *o que* os alunos estão aprendendo – e também como eles aprendem e *com que freqüência* eles precisam renovar essas habilidades – está mudando.

A urgência de construir a capacidade dos trabalhadores americanos para atender as necessidades do século XXI é evidente na quantidade de grupos importantes que publicam textos do tipo "convocação à ação". Por exemplo, em janeiro de 2001, o Comitê Nacional de Padrões de Qualificação (NSSB) aprovou e publicou para apreciação pública os *Padrões de Qualificação do Conselho de Habilidades da Indústria: um Modelo de Excelência da Mão-de-obra*.

A lista de Habilidades enGauge do século XXI foi compilada a partir de alguns excelentes trabalhos publicados na década de 1990, assim como da literatura contemporânea, de pesquisa emergente e da voz de representantes da educação, do comércio e da indústria. Uma matriz que combina as habilidades enGauge com as de outros trabalhos prévios também está disponível. A lista enGauge pretende oferecer ao público, comércio, indústria e educação e uma compreensão comum de linguagem para discutir as habilidades de que alunos e profissionais necessitam nesta Era Digital emergente. O projeto enGauge se baseia na premissa de que as escolas de ensino fundamental e médio devem incorporar habilidades e proficiências do século XXI aos currículos dentro do contexto de padrões acadêmicos.

CAPACITAÇÃO NA ERA DIGITAL	PENSAMENTO INVENTIVO	COMUNICAÇÃO EFETIVA	ALTA PRODUTIVIDADE
Capacidades básicas científicas, matemáticas e tecnológicas	Adaptabilidade e capacidade de gerenciar situações complexas	Habilidades de trabalho em equipe, de colaboração e interação	Capacidade de priorizar, planejar e gerenciar para resultados
Capacidades de ver e de lidar com informação	Curiosidade, criatividade e tomada de risco	Responsabilidade pessoal e social	Uso de ferramentas do mundo real
Capacidade cultural e consciência global	Pensamento de ordem superior e raciocínio consistente	Comunicação interativa	Produtos relevantes de alta qualidade

"*As Habilidades enGauge do século XXI*" *é uma adaptação de materiais fornecidos por NCREL, North Central Regional Education Laboratory* (www.ncrel.org/engauge/skills/21skills.htm).

RESULTADOS DE PROJETOS
HÁBITOS MENTAIS

Que comportamentos são indicativos de quem resolve problemas com eficiência e eficácia? O que os seres humanos fazem quando se comportam de modo inteligente? A pesquisa sobre pensamento e comportamento revela algumas características identificáveis dos bons pensadores. Não são necessariamente os cientistas, artistas, matemáticos ou os ricos que demonstram esses comportamentos. Eles foram encontrados entre mecânicos, professores, empresários, vendedores e pais – pessoas de todos os ramos de atividade.

Os seguintes hábitos mentais podem ser incluídos nos resultados de projeto e avaliados por meio de auto-reflexão, diários, discussões ou roteiros.

Persistir
Os que são bons na resolução de problemas atêm-se à tarefa até que ela esteja concluída. Não desistem facilmente. São capazes de analisar um problema e desenvolver um sistema, uma estrutura ou estratégia para atacá-lo. Possuem um repertório e utilizam uma série de abordagens alternativas. Colhem evidências de que sua estratégia está funcionando, e se uma estratégia não funciona, sabem como recuar e tentar outra.

Administrar a impulsividade
Os que são bons na resolução de problemas têm senso de deliberação. Pensam antes de agir. Intencionalmente formam uma visão de um produto, têm um plano de ação, uma meta ou um destino antes de começarem uma tarefa. Esforçam-se para esclarecer e compreender instruções, desenvolvem uma estratégia para abordar um problema e não fazem juízos de valor antes de compreenderem integralmente uma idéia.

Escutar os outros com compreensão e empatia
Os que são bons na resolução de problemas utilizam sua energia mental para escutar os outros e refletir sobre suas posições. Queremos que os alunos mantenham em suspenso seus valores, juízos, opiniões e preconceitos pessoais a fim de tomar em consideração as idéias de outras pessoas. Esta é uma habilidade muito complexa, que exige capacidade de monitorar nossos próprios pensamentos e ao mesmo tempo ouvir as palavras de outra pessoa.

Pensar flexivelmente
Os que são bons na resolução de problemas pensam com flexibilidade e demonstram confiança em sua intuição. Toleram certa medida de confusão e ambigüidade e estão dispostos a abandonar um problema, deixando que seu subconsciente continue trabalhando criativa e produtivamente sobre ele.

Empenhar-se por exatidão e precisão
Os que são bons na resolução de problemas valorizam a exatidão, a precisão e a habilidade e dedicam tempo para conferir seus produtos. Analisam as regras que devem respeitar, os modelos e as visões que devem seguir e os critérios que devem empregar, e confirmam que seu produto final se encaixa nos critérios com exatidão.

Questionar e propor problemas

Os que são bons na resolução de problemas sabem fazer perguntas para preencher as lacunas entre o que sabem e o que não sabem. Eles reconhecem discrepâncias e fenômenos em seu ambiente, buscam explicações e informações e têm inclinação para fazer uma série de perguntas.

Aplicar conhecimento prévio a novas situações

Os que são bons na resolução de problemas aprendem com as experiências. Quando confrontados com um problema novo e desconcertante, eles costumam voltar-se para o passado em busca de orientação. Recorrem a seu estoque de conhecimentos e de experiências para encontrar fontes de dados e processos que os auxiliem a resolver cada novo desafio. Além disso, eles são capazes de abstrair significado de uma experiência e levá-lo adiante para aplicá-lo a novas situações.

Reunir dados por meio de todos os sentidos

Os que são bons na resolução de problemas sabem que as informações chegam ao cérebro por meio de todos os sentidos: gustação, olfato, tato, cinestesia, audição e visão. A maior parte da aprendizagem lingüística, cultural e física é obtida do ambiente pela observação ou assimilação por meio dos sentidos.

Criar, imaginar e inovar

Os que são bons na resolução de problemas têm a capacidade de criar produtos, soluções e técnicas novos, originais, inteligentes ou engenhosos. Seres humanos criativos desenvolvem essa capacidade tentando conceber diferentes soluções para problemas pelo exame de possibilidades alternativas, a partir de muitos pontos de vista. Eles tendem a se projetar em diversos papéis utilizando analogias.

Responder com surpresa e admiração

Os que são bons na resolução de problemas possuem não somente uma atitude de "eu posso", mas também um sentimento de "eu desfruto". Procuram desafios para si mesmos e para os outros. Comprazem-se em criar problemas para resolver sozinhos, e requisitam enigmas dos outros. Sentem prazer em entender as coisas sozinhos e continuam aprendendo durante toda a vida.

Assumir riscos com responsabilidade

Os que são bons na resolução de problemas tendem a ir além dos limites estabelecidos; eles "vivem no limite" de sua competência. Aceitam a confusão, a incerteza e os maiores riscos de fracasso como parte da norma, vendo os reveses como interessantes, instigantes e favoráveis ao crescimento. Contudo, não se comportam impulsivamente. Seus riscos são calculados. Eles utilizam o conhecimento anterior, são ponderados em relação às conseqüências e têm um sentido bem-treinado de que riscos valem a pena.

Ter bom humor

Os que são bons na resolução de problemas riem de si mesmos. O riso é um remédio universal. Seus efeitos positivos sobre as funções fisiológicas incluem queda na freqüência cardíaca, secreção de endorfinas e aumento da oxigenação sangüínea. Constatou-se que o riso libera a criatividade e estimula habilidades de pensamento superior, como antecipar, descobrir novos relacionamentos, utilizar imagens visuais e fazer analogias.

Pensar de maneira interdependente

Os que são bons na resolução de problemas percebem que quando estamos juntos somos mais poderosos, intelectual e fisicamente, do que qualquer indivíduo isolado. Descobrimo-nos cada vez mais interdependentes e sensíveis às necessidades dos outros. A resolução de problemas tornou-se tão complexa que ninguém tem acesso a todos os dados necessários para tomar decisões críticas; ninguém isoladamente pode considerar tantas alternativas quanto o podem diversas pessoas.

Aprender continuamente

Os que são bons na resolução de problemas não param de aprender. Sua confiança, combinada com seu desejo de compreender, lhes permite buscar constantemente métodos novos e melhores. Pessoas com esse hábito mental estão sempre buscando aperfeiçoamento, sempre crescendo, sempre aprendendo, sempre modificando e se aperfeiçoando. Elas consideram problemas, situações, tensões, conflitos e circunstâncias como oportunidades valiosas de aprendizagem.

"Hábitos mentais" é adaptado de A.L. Costa e B. Kallick, eds., Discovering and exploring habits of mind (*Alexandria, Virginia: Asociation for Supervision and Curriculum Development, 2000*).

FORMULAÇÃO DE PROJETOS
OS SEIS CRITÉRIOS PARA FORMULAR PROJETOS

Esta lista de perguntas, retiradas da síntese do livro *Real learning, real work*, de Adria Steinberg, fornece uma estrutura utilizada pelo "Jobs for the Future"* no trabalho com professores durante o planejamento de projetos curriculares.

Autenticidade
- Onde no "mundo real" um adulto poderia lidar com o problema ou a questão abordada pelo projeto?
- Como você sabe que o problema ou questão tem significado para os alunos?
- Quais seriam os públicos adequados para o trabalho dos alunos?

Rigor acadêmico
- Qual é o problema ou a questão central abordada pelo projeto?
- Que área de conhecimento e conceitos centrais ele vai abordar?
- Que hábitos mentais os alunos vão desenvolver? (por exemplo: questionamento e proposição de problemas, precisão da linguagem e pensamento, persistência)
- Que padrões de aprendizagem você está abordando por meio deste projeto? Cite a fonte, por exemplo, distrito ou Estado.

Aprendizagem aplicada
- O que os alunos farão para aplicar o conhecimento que estão adquirindo a um problema complexo? Eles estão projetando um produto, aperfeiçoando um sistema, organizando um evento?
- Quais das competências que se espera em organizações de trabalho de alto desempenho (por exemplo: trabalho em equipe; uso adequado de tecnologia; comunicação de idéias; coleta, organização e análise de informações) o projeto oferece oportunidades de o aluno se desenvolver?
- Que habilidades de autogestão (por exemplo: desenvolver um plano de trabalho, priorizar partes do trabalho, atender prazos, identificar e alocar recursos) o projeto exige que os alunos usem?

Exploração ativa
- Que atividades de campo o projeto exige que os alunos realizem? (por exemplo: entrevistar especialistas ou participar de uma exploração em um local de trabalho)
- Que métodos e fontes de informação os alunos devem utilizar em suas investigações? (por exemplo: entrevistar e observar, reunir e analisar informações, coletar dados, contruir modelos, utilizar serviços *on-line*)

Conexões com adultos
- Os alunos têm acesso a pelo menos um adulto de fora com conhecimento e experiência relevante para seu projeto a quem possa fazer perguntas, que forneça retorno e orientação?
- O projeto oferece aos alunos a oportunidade de observar e de trabalhar com adultos durante ao menos uma visita a um local de trabalho relevante para o projeto?

* N. de R.T
Organização sem fins lucrativos, criando oportunidades educacionais e econômicas para jovens e adultos que delas mais necessitam (http://www.jff.org/).

- Ao menos um adulto de fora da classe ajuda os alunos a desenvolver seu senso de padrões do mundo real para este tipo de trabalho?

Práticas de avaliação

- Quais são os critérios para medir os resultados desejados dos alunos (conhecimento disciplinar, hábitos mentais e metas de aprendizagem aplicada)?
- Os alunos são envolvidos na revisão ou determinação dos critérios do projeto?
- Que métodos de auto-avaliação estruturada se espera que os alunos utilizem? (por exemplo: diários, consulta entre colegas, consultas ao professor ou orientador, roteiros, análise periódica de progresso em relação ao plano de trabalho)
- Os alunos recebem retorno oportuno, sobre suas atividades em andamento, de professores, orientadores e colegas?
- Que requisitos de trabalho se espera que os alunos completem durante a vida do projeto? (por exemplo: proposta, plano de trabalho, artigo de reflexão, pequenas apresentações, modelos, ilustrações)
- Os alunos preparam uma exposição ou apresentação final na conclusão do projeto que demonstre sua capacidade de aplicar o conhecimento que adquiriram?

A página a seguir é um roteiro que pode ser utilizado por você e sua equipe de projeto para avaliar a formulação de projetos baseados nas seis habilidades.

"As seis habilidades" é uma adaptação de Adria Steinberg, Real Learning, Real Work *(Boston, Massachusetts: Jobs for the Future, 1997). O roteiro é adaptado de materiais fornecidos pela Napa New Technology High School, Napa, Califórnia.*

Roteiro para as seis habilidades

CATEGORIA	INSATISFATÓRIO	BÁSICO	EXEMPLAR
Autenticidade	• O projeto tem pouca ou nenhuma relação com o mundo externo. • O problema ou questão tem pouco ou nenhum significado para os alunos. • Não existe público para o trabalho dos alunos.	• O projeto simula atividades "do mundo real". • O problema ou questão tem significado para os alunos. • Existe um público apropriado para o trabalho dos alunos.	• Adultos no mundo real tendem a lidar com os problemas ou questões contempladas pelo projeto. • O problema ou questão tem significado para os alunos. • Existe um público externo para o trabalho dos alunos.
Rigor acadêmico	• A Questão Orientadora não se baseia em padrões. • O projeto exige pouco conhecimento específico de conceitos centrais. • Os alunos podem finalizar o projeto sem aprender novos conteúdos. • O projeto não inclui hábitos mentais nos resultados.	• A Questão Orientadora se baseia em padrões. • O projeto exige conhecimento específico de conceitos centrais. • Os alunos aprendem um mínimo de conteúdo. • O projeto reforça hábitos mentais previamente aprendidos.	• Existe uma Questão Orientadora clara e bem-definida oriunda de padrões de conteúdo específicos nacionais, estaduais, distritais ou escolares. • O projeto exige amplitude e profundidade de conhecimento específico de conceitos centrais. • Os alunos desenvolvem novos hábitos mentais (por exemplo: questionamento e proposição de novos problemas; precisão da linguagem e pensamento; persistência).
Aprendizagem aplicada	• Os alunos não aplicam novos conhecimentos a um problema. • Os alunos não precisam desenvolver habilidades de cooperação ou de trabalho em equipe.	• Os alunos aplicam novos conhecimentos a um problema. • Os alunos precisam trabalhar em equipe. • Os alunos utilizam habilidades de autogestão para melhorar seu desempenho.	• Os alunos aplicam novos conhecimentos a um problema realista e complexo. • Os alunos utilizam habilidades de organização de trabalho de alto desempenho (por exemplo: trabalhar em equipes, utilizar tecnologia adequadamente, comunicar idéias; coletar, organizar e analisar informações). • Os alunos utilizam formalmente habilidades de autogestão (por exemplo: desenvolver um novo plano de trabalho, priorizar determinadas partes do trabalho, atender prazos, identificar e alocar recursos) para melhorar o desempenho de sua equipe.
Exploração ativa	• Não há necessidade de pesquisa. • Os alunos reúnem informações de livros didáticos ou de outras fontes secundárias. • Os alunos utilizam dados brutos fornecidos pelo professor.	• Os alunos realizam sua própria pesquisa. • Os alunos reúnem informações de um número limitado de fontes primárias.	• Os alunos realizam atividades "de campo" (entrevistar especialistas, fazer pesquisas com grupos de pessoas, explorar locais de trabalho). • Os alunos reúnem informações de diversas fontes primárias e utilizam métodos variados (entrevistar e observar, coletar dados, construir modelos, utilizar serviços *on-line*).

Roteiro para as seis habilidades (*continuação*)

CATEGORIA	INSATISFATÓRIO	BÁSICO	EXEMPLAR
Conexões com adultos	• Os alunos não têm contatos com adultos fora da escola.	• Os alunos têm contatos limitados com adultos fora da escola (por exemplo, palestrantes convidados). • O professor utiliza desempenho de papéis ou outros docentes para simular contato com "especialistas".	• Os alunos têm múltiplos contatos com adultos fora da escola os quais possuem conhecimento e experiência e podem fazer perguntas, fornecer retorno e oferecer orientações. • Os alunos têm a oportunidade de observar e trabalhar junto a adultos em um local de trabalho relevante para o projeto. • Adultos fora da escola proporcionam aos alunos uma noção de padrões do mundo real para esse tipo de trabalho.
Práticas de avaliação	• Os alunos não recebem explicação sobre a avaliação nas etapas iniciais do trabalho. • O único produto é uma exposição ou apresentação ao término do projeto.	• Os alunos recebem explicação clara sobre a avaliação nas etapas iniciais do trabalho. • Os alunos recebem retorno infreqüente de professores, orientadores e colegas sobre o trabalho em curso. • O projeto inclui múltiplos produtos. • O produto final é uma exposição ou apresentação ao término do projeto que comprova a capacidade dos alunos de aplicar o conhecimento adquirido.	• Os alunos ajudam a estabelecer critérios de avaliação. • Os alunos utilizam diversas auto-avaliações estruturadas (diários, consulta entre colegas, consulta com professores ou orientadores, roteiros). • Os alunos recebem retorno freqüente e oportuno de professores, orientadores e colegas sobre o trabalho em curso. • O produto final é uma exposição ou apresentação ao término do projeto em frente a uma platéia informada. • O projeto implica múltiplos produtos, e todos os produtos se alinham com resultados.

* Consulte N. Maxwell, Y. Bellisimo, e J. R. Mergendoller, "Problem Based Learning: Modifying the Medical Model for Teaching High School Economics", *The Social Studies* 92, no. 2:75-78.

COMECE
COM O FIM
EM MENTE

**FORMULE
A QUESTÃO
ORIENTADORA**

PLANEJE A
AVALIAÇÃO

MAPEIE O
PROJETO

Criação e
planejamento
de projetos
de sucesso

GERENCIE O
PROCESSO

Sumário

DIRETRIZES PARA A QUESTÃO ORIENTADORA   51

REFINAMENTO DA QUESTÃO ORIENTADORA   53

BANCO DE IDÉIAS

EXEMPLOS DE QUESTÕES ORIENTADORAS   55
História   55
Humanidades/interdisciplinar (História/Língua/Literatura)   55
Língua/literatura   55
Arte   55
Geografia   56
Economia   56
Governo   56
Ciência   56
Matemática   56

FORMULE A QUESTÃO ORIENTADORA

Aqui você vai aprender sobre uma tarefa fundamental: depurar o tema e os padrões de conteúdo para formular uma questão significativa que desperte o interesse dos alunos e que os ajude a concentrar seus esforços durante todo o projeto.

Nesta seção você irá aprender como criar e aprimorar a Questão Orientadora. Uma boa Questão Orientadora torna o projeto intrigante, complexo e problemático. Embora as tarefas tradicionais de sala de aula, como problemas discursivos e redações, proponham questões que devem ser respondidas pelos alunos, uma Questão Orientadora exige múltiplas atividades e a síntese de diversos tipos de informação para poder ser respondida. Ela proporciona coerência para atividades díspares e serve como "farol" que promove o interesse dos alunos e os dirige às metas e aos objetivos do projeto. Além disso, Questões Orientadoras devem abordar preocupações autênticas. Por exemplo, durante a formulação da Questão Orientadora, é útil perguntar: "Onde o conteúdo que estou tentando ensinar é utilizado no mundo real?". Geralmente é mais fácil concentrar a atenção dos alunos em uma única questão, mas alguns tópicos exigirão várias Questões Orientadoras.

DIRETRIZES PARA A QUESTÃO ORIENTADORA

Depois que você já dispuser de um tema ou "grande idéia" para um projeto, capture o tema na forma de um problema ou pergunta que não possa ser resolvida ou respondida facilmente. Por exemplo, se sua grande idéia é o perigo potencial do aquecimento global, formule uma pergunta como: "Devemos nos preocupar com o aquecimento global em nossa comunidade?". O desenvolvimento de uma questão é um processo que pode ser feito com os alunos. Exemplos de Questões Orientadoras para diversos assuntos podem ser encontrados no **Banco de Idéias**.

Utilize as seguintes diretrizes para formular a Questão Orientadora:

- **Questões Orientadoras são provocativas.** Elas devem manter o interesse dos alunos ao longo do projeto e instigá-los a ir além das superficialidades. "Os vídeos de música são um retrato fiel dos Estados Unidos?". Além de obrigar os alunos a se concentrar na cultura norte-americana e nas representações da mídia, essa pergunta também é provocativa e irá despertar o interesse dos adolescentes.

- **Questões Orientadoras são abertas.** Elas não conduzem a respostas fáceis. Em vez disso, fazem os alunos usarem o pensamento de nível superior e exigem que eles integrem, sintetizem e avaliem criticamente as informações. Assegure que a pergunta não possa ser respondida com um simples "sim" ou "não". "Os Estados Unidos deveriam ter usado a bomba atômica na Segunda Guerra Mundial?" Essa pergunta exige um exame profundo dos argumentos a favor ou contra a detonação da bomba. A questão é aberta; ela per-

> **EVITE AS ARMADILHAS**
>
> **Questões Orientadoras a evitar**
>
> Questões Orientadoras devem permitir várias respostas sem deixar de ser viáveis. Elas devem ser concebidas levando em conta o tempo disponível, os recursos e a capacidade dos alunos. Por exemplo, uma pergunta como "Quem foi o melhor presidente no século XX?" é provocativa, mas exige pesquisa minuciosa. Talvez não seja possível responder adequadamente à pergunta no escopo de um projeto típico.

mite que os alunos considerem os argumentos e formulem suas próprias respostas, com base em seu próprio raciocínio e lógica.

- **Questões Orientadoras vão ao cerne de um tópico ou disciplina.** Elas podem enfocar controvérsias que são fundamentais para um campo e debatidas por profissionais desse campo. "Nossa água é segura?" Essa Questão Orientadora, utilizada no Projeto de Água de Shutesbury descrito posteriormente na seção **Exemplos de Projetos** deste Manual, exige evidências científicas e juízos profissionais baseados em critérios desenvolvidos na biologia, na química e na fisiologia. Para responder à pergunta, os alunos devem investigar e aprender os critérios utilizados nos campos científicos.

- **Questões Orientadoras são instigantes.** Elas incentivam os alunos a confrontar questões difíceis e a experimentar comportamentos inusuais. "Em que situações se justifica que o povo se rebele contra um governo instituído?" Essa Questão Orientadora foi desenvolvida por um professor de história da última série do ensino médio para um projeto que visava abordar os padrões nacionais associados a conflitos e revoluções, assim como investigações históricas. Os alunos estudaram revoluções e movimentos revolucionários na América Central, na Rússia, na Espanha e na África, em busca de padrões e princípios comuns.

- **Questões Orientadoras podem surgir a partir de dilemas da vida real que sejam do interesse dos alunos.** "Como poderíamos construir um novo centro comunitário utilizando apenas materiais nativos de nosso Estado?" Um professor de ciências de Vermont queria que seus alunos compreendessem como se formam as rochas e que aprendessem sobre fontes, propriedades e composição mineral das rochas nativas de Vermont. Essa Questão Orientadora se concentrava na atenção dos alunos à identificação dos elementos e características estruturais de um centro comunitário e na avaliação da resistência e da durabilidade dos materiais naturais e manufaturados disponíveis no Estado. Mais importante, a Questão Orientadora levou os alunos a tomar decisões criteriosas sobre, por exemplo, por que a ardósia é adequada para telhados mas não para pátios de recreação.

---

*N. de R.T
Bells and whistles, no original. Esta expressão constitui uma referência geral a recursos e funcionalidades adicionados a dispositivos tecnológicos modernos e a ferramentas de *software*, mas que não são relevantes para a operação (e função principal) destes dispositivos e *softwares*.

EVITE AS ARMADILHAS

Cuidado com "sinetas e apitos"*. Todas as atividades de projeto devem ter por objetivo ajudar a responder à Questão Orientadora. Com freqüência, porém, o uso de ferramentas tecnológicas em um projeto obscurece o processo de resolução de problemas. A tecnologia torna-se o foco de um projeto – e os alunos são avaliados quanto ao uso da tecnologia e não sobre suas conclusões ou evidências em relação à Questão Orientadora.

- **Questões Orientadoras são compatíveis com padrões e estruturas curriculares.** Não basta que uma questão seja provocativa. Ela deve igualmente levar os alunos ao domínio de certas habilidades, conhecimentos e processos que definem um curso de estudo. "Os Estados Unidos deveriam desenvolver armas biológicas?" Essa é uma questão provocativa, sem estar diretamente relacionada com a história dos Estados Unidos ou com padrões americanos de governo. Assegure-se de que as Questões Orientadoras direcionem os alunos para o aprendizado de padrões essenciais.

REFINAMENTO DA QUESTÃO ORIENTADORA

Criar uma Questão Orientadora de valor geralmente envolve esboçar e aprimorar a primeira versão da questão. As questões muitas vezes devem ser enriquecidas para exigirem que os alunos "ataquem" uma questão complexa, abordem as grandes idéias, aprendam os padrões de conteúdo e não só "saibam", mas "façam". Eis alguns exemplos de como as questões podem ser aperfeiçoadas:

REFINANDO A QUESTÃO ORIENTADORA

A decisão de Truman de detonar a bomba tem justificativa?	O uso de armas nucleares pode ser justificado?
Pergunta poderosa, pois força os alunos a confrontar os dilemas de guerra. Além de aprenderem história, eles vão aprender sobre questões que continuam sendo relevantes na atualidade.	Ampliar a questão pode aumentar sua força. Se houver tempo disponível, o projeto pode passar a focar diversas decisões diferentes sobre o uso de energia nuclear, fazer os alunos compararem essas situações e levá-los a desenvolver e justificar seus próprios critérios de decisão.
Como a robótica e a automação mudaram nossa sociedade no século que passou?	**Como a robótica e a automação poderiam mudar nossa cidade e seu funcionamento no próximo século?**
Boa pergunta, pois estimula os alunos a aprender sobre economia e automação, além de ter que aplicar o que aprenderam.	Uma pergunta melhor. Os alunos vão precisar aprender como a sociedade mudou a partir da automação e da robótica. Eles podem também aprender sobre mudanças tecnológicas previstas e seus possíveis efeitos e, com certeza, acharão este projeto mais envolvente.

FORMULE A QUESTÃO ORIENTADORA

REFINANDO A QUESTÃO ORIENTADORA

O que aconteceu com os antigos povos Pueblo? Monte uma exposição com textos e ilustrações.

A pergunta estimula os alunos a aprenderem como era a vida na América pré-colombiana e desperta seu interesse por fenômenos misteriosos. Contudo, esta é uma questão que ainda não foi respondida por adultos ou especialistas.

→ **Por que civilizações antigas como as dos Pueblo, Incas ou Astecas desapareceram? Monte uma apresentação que possa ser divulgada em um congresso de arqueologia e que sustente sua argumentação.**

Uma pergunta melhor. Examinar múltiplas civilizações em busca de temas comuns, incluindo diretrizes de especialistas para uma apresentação pode aumentar a aprendizagem dos alunos sobre civilizações pré-colombianas.

O que é aquecimento global?

Bom começo. O tópico é essencial tanto para o programa de ensino de ciências quanto para atualidades.

→ **Devemos nos preocupar com o aquecimento global em nossa cidade?**

Esta reformulação da pergunta traz a Questão Orientadora para o contexto local. Com esta reformulação, os alunos podem ancorar suas investigações em geografia, clima e ecossistemas locais.

Quais foram os romances literários mais populares entre adolescentes nos últimos 30 anos?

Bom começo. A questão integra os tópicos curriculares de gêneros, enredos e personagens de um modo que pode despertar o interesse dos adolescentes.

→ **Como os livros para adolescentes mudaram nos últimos 30 anos?**

Boa reformulação. Esta pergunta cobre o mesmo conteúdo que a pergunta inicial, mas acrescenta um elemento desafiador ao projeto.

O que é nevoeiro de radiação e como ele pode ser perigoso?

Bom começo. A questão exige que os alunos se concentrem em princípios científicos essenciais.

→ **Como podemos reduzir os acidentes de trânsito associados ao nevoeiro de radiação?**

Boa expansão para um enquadramento baseado em problemas. Os alunos terão que compreender os princípios do nevoeiro de radiação e também aplicar esse conhecimento para gerar soluções.

EXEMPLOS DE QUESTÕES ORIENTADORAS

Estes são exemplos de *possíveis* Questões Orientadoras. Você pode utilizá-las se elas se encaixarem com padrões adequados de conteúdo e resultados de projeto.

História

- Quem somos nós e como chegamos aqui?
- A importância do indivíduo aumentou com o tempo?
- Estão a liberdade e a democracia se espalhando pelo mundo?
- Qual é o preço do "progresso"?
- As guerras são evitáveis?
- Como se vencem as guerras?
- Os britânicos poderiam ter evitado a revolução nas colônias americanas?
- A Revolução Americana foi realmente uma revolução?
- Que efeitos a Guerra Civil ainda tem nos dias de hoje?
- Os afro-americanos deveriam receber reparações pela escravatura?
- Como os Estados Unidos se tornaram uma potência mundial?
- Quais foram as lições do Vietnã?
- Quem foram os melhores líderes do século XX?
- Como podemos levar a paz ao Oriente Médio?
- Como a colonização européia dos séculos XVIII e XIX afetou a África do século XXI?
- Será a China a próxima superpotência?

Humanidades/interdisciplinar (História/Língua/Literatura)

- O que é o Sonho Americano e quem o tem?
- Como os imigrantes enfrentam os desafios de chegar a um novo país?
- Os vitoriosos realmente se beneficiam ao vencer as guerras?
- Como se faz a paz?
- O uso de armas nucleares pode ser justificado?
- Como devemos responder ao terrorismo?

Língua/Literatura

- Por que Shakespeare ainda é tão popular?
- Por que livros são proibidos?
- O que é "boa escrita"?
- Como alguém pode superar adversidades?
- O que faz de um livro um "clássico"?
- O que significa "chegar à maioridade"?
- O que é amizade (amor, ódio, lealdade, coragem, etc.)?
- Como persuadimos os outros?
- Que romances literários devem fazer parte do currículo escolar?
- Como a literatura reflete o seu tempo?

Arte

- Por que produzimos arte?
- O que torna um artista bom, um grande artista?
- Como a arte reflete o seu tempo?
- A arte vale o seu preço?
- Deveria existir censura?

BANCO DE IDÉIAS — FORMULE A QUESTÃO ORIENTADORA

Geografia

- Como o lugar onde vivemos afeta nosso modo de viver?
- Como as ações humanas modificam o ambiente físico?
- Como podemos utilizar a geografia para interpretar o passado?

Economia

- Por que as coisas custam tanto?
- O que é necessário para conduzir um negócio com sucesso?
- Qual é a melhor forma de investir nosso dinheiro?
- Quanto vale o seu dinheiro agora e no futuro?
- Por que existe pobreza?
- Os recursos naturais deveriam ser usados ou protegidos?
- Quem tem poder econômico nos Estados Unidos?
- Como o comércio internacional deveria ser conduzido?
- Qual deveria ser o papel do governo na regulação da economia?

Governo

- Temos liberdade demais?
- Qual é o equilíbrio certo entre segurança e liberdade?
- Qual é a melhor forma de governo?
- Quem tem o poder neste País?
- Quais são nossos direitos e obrigações como cidadãos?
- De quanto poder dispõe o presidente?
- Por que a Constituição dos Estados Unidos dura há tanto tempo?
- A Declaração dos Direitos deveria ser modificada?
- Quais deveriam ser as metas da política internacional dos Estados Unidos?
- Como os criminosos deveriam ser tratados?
- O que os governos municipais deveriam fazer a respeito de (insira diversos tópicos: pobreza, falta de moradia, uso da terra, melhoria de serviços, etc.)?

As Questões Orientadoras para muitos projetos em ciência e matemática podem se basear na resolução de um problema, Aprendizagem Baseada em Problemas, onde os alunos são confrontados com problemas autênticos que requerem a aplicação de conhecimento científico, compreensão, conceitos e habilidades.

Ciência

- Do que é feito o solo?
- Do que somos feitos?
- Como o lugar onde vivemos mudará com o tempo?
- O que é luz?
- Podemos prever o tempo?
- Devemos nos preocupar com o aquecimento global em nossa comunidade?
- Qual é a qualidade de nossa água?
- Como funcionam as atrações nos parques de diversão?
- As atrações nos parques de diversão são seguras?
- Como deveria ser o projeto de uma ponte para este local?
- Como podemos usar as leis da física para prever o movimento de um objeto voador de modo que possamos planejar um belo espetáculo de fogos de artifício?
- Como podemos usar as três leis de Newton para criar um esporte que aproveite as características especiais da lua?
- Como podemos deter a disseminação de uma doença infecciosa?
- Como espécies ameaçadas de extinção podem ser salvas?
- Devemos produzir alimentos geneticamente alterados?
- Temos algo a temer dos campos eletromagnéticos?

Matemática

- Qual é o melhor projeto para uma "escola de ensino médio do futuro" para um determinado local?
- Como podemos descrever a trajetória de vôo de um foguete?
- É melhor comprar ou locar um carro?
- Como um formulário fiscal deve ser preenchido?
- Podemos prever o nível de atividade em nosso *site* na internet?
- Como podemos utilizar os princípios da probabilidade para avaliar o sistema de loterias do governo?
- Que efeito o rápido crescimento populacional tem em nossa sociedade, e como podemos analisar e construir modelos matemáticos deste crescimento?
- Podemos prever o crescimento no uso de um *site* na internet?
- Como podemos construir modelos experimentais e matemáticos de uma seqüência de aterrissagem como a da missão da Pathfinder?
- Como podemos determinar a menor distância entre dois pontos durante longas caminhadas?
- Como podemos prever o movimento de um objeto voador para planejar um espetáculo de fogos de artifício?

COMECE COM O FIM EM MENTE

FORMULE A QUESTÃO ORIENTADORA

PLANEJE A AVALIAÇÃO

MAPEIE O PROJETO

GERENCIE O PROCESSO

Criação e planejamento de projetos de sucesso

Sumário

CRIAÇÃO DE UM PLANO DE AVALIAÇÃO EQUILIBRADO 59

1 ALINHAR PRODUTOS COM RESULTADOS 59

Trabalhar retroativamente: como os produtos permitem que os alunos demonstrem sua aprendizagem? 60

Produtos finais 61

Exposições 61

Múltiplos produtos 62

Artefatos 63

2 SABER O QUE AVALIAR 64

3 UTILIZAR ROTEIROS DE AVALIAÇÃO 64

Características centrais de roteiros de avaliação eficazes 65

Roteiros para toda a escola 66

Diretrizes para redigir roteiros 66

Elementos 66

Escalas 67

Critérios 67

Dicas adicionais 68

Roteiros e notas 69

Todo projeto deve ser orientado por um conjunto explícito de resultados que incluem o conteúdo fundamental, as habilidades e os hábitos mentais que se espera que os alunos adquiram. Nesta seção, você aprenderá a desenvolver uma série de produtos que oferecem a todos os alunos oportunidades para demonstrar sua aprendizagem e que formam a base para um plano de avaliação equilibrado para o projeto. Você também vai aprender a desenvolver roteiros.

BANCO DE IDÉIAS

Exemplos de produtos finais 71

Exemplos de múltiplos produtos 72

Exemplos de artefatos 72

Vantagens e desvantagens dos métodos de avaliação 73

Usando a taxonomia de Bloom para redigir roteiros 74

Um exemplo de categorias de desempenho e critérios 74

EXEMPLOS DE ROTEIROS

Um projeto de estudos políticos 75

Apresentação oral I 78

Apresentação oral II 80

Artigo de pesquisa 82

Pensamento crítico 84

Cooperação entre colegas e trabalho em equipe 86

CRIANDO ROTEIROS

Criando um roteiro para acessar informações 87

Criando um roteiro para selecionar informações 88

Criando um roteiro para processar informações 89

Criando um roteiro para compor uma apresentação 90

Criando um roteiro para fazer uma apresentação 91

Criando um roteiro para gestão individual de tarefas 92

Criando um roteiro para gestão individual do tempo 93

Criando um roteiro para gestão de tarefas e de tempo em grupo 94

Criando um roteiro para processo de grupo 95

OUTROS FORMULÁRIOS ÚTEIS

Planilha de notas do projeto 96

Roteiro vazio 97

PLANEJE A AVALIAÇÃO

A Aprendizagem Baseada em Projetos afasta aprendizes e professores das tradicionais provas com lápis e papel e os aproxima de práticas de avaliação mais "autênticas". Além do conteúdo didático, os objetivos de ensino associados à ABP estão ligados ao *uso* de conhecimentos e habilidades durante a atividade de resolução de problemas. Isso exige avaliações de desempenho que analisem as habilidades necessárias para pensamento de ordem superior, as tarefas necessárias para que os alunos produzam um produto de qualidade e um método de investigação disciplinada por meio do qual os alunos integrem conteúdo e processo para produzir conhecimento útil.

Uma vez que visam medir práticas autênticas, como cooperação, comunicação, resolução de problemas e trabalho em equipe, as avaliações baseadas em desempenho são mais diversificadas do que as avaliações tradicionais. Essas práticas são dinâmicas, experienciais e não-padronizadas e exigem avaliações que possam capturar o processo de aprendizagem, assim como o resultado final.

CRIAÇÃO DE UM PLANO DE AVALIAÇÃO EQUILIBRADO

No mundo real do ensino, você é responsável por todos os tipos de aprendizagem. Os alunos precisam saber o conteúdo do assunto e também como aplicá-lo. Os professores precisam escolher a avaliação certa para o produto certo e decidir que combinação de avaliações fornecerá evidência de que os alunos alcançaram o conjunto de resultados do projeto. Provas e trabalhos de pesquisa tradicionais ou redações podem ser facilmente incorporados à ABP. Ao mesmo tempo, os projetos devem incluir avaliações que capturem os resultados da ABP orientados ao processo. Muitas vezes, os produtos de um projeto visam a atingir ambas as metas – medir conhecimento do conteúdo e habilidades.

Um plano de avaliação equilibrado para um projeto deve incluir diversas avaliações intimamente ligadas aos resultados – os padrões de conteúdo, as habilidades e os hábitos mentais – do projeto. Mais importante, múltiplos indicadores de desempenho proporcionam aos diversos tipos de alunos, cada qual com qualidades diferentes, a oportunidade de ter êxito.

Um plano de avaliação também inclui métodos que você vai usar para reunir evidências do desempenho do aluno, interpretar tais evidências e fazer juízos sobre elas. O plano de avaliação deve incluir tanto avaliações *formativas* – que lhe permitem fornecer um retorno durante o andamento do projeto – como avaliações *somativas* – que fornecem aos alunos uma avaliação final de seu desempenho.

1 Alinhar produtos com resultados

Depois que os resultados para o projeto estiverem decididos, o planejamento de avaliações eficazes exige que você trabalhe retroativamente para *alinhar os produtos ou desempenhos para o projeto com os resultados*. Os produtos são apresentações, trabalhos, exposições ou modelos que são realizados durante um projeto. Que produtos oferecerão evidências adequadas da aprendizagem e realização do aluno?

Todo resultado deve ser avaliado e dar aos alunos a oportunidade de, por meio de seus produtos, demonstrar o que eles precisam saber e fazer. Esta etapa inclui:

- Identificar *produtos finais* para um projeto.
- Utilizar *múltiplos produtos* e um sistema de pontos de checagem para retorno aos alunos.
- Utilizar *artefatos* – evidências do processo de pensamento do aluno – para avaliar habilidades e hábitos mentais.

Depois de decidir sobre os produtos, você deve *estabelecer critérios de desempenho* para avaliar cada produto ou desempenho, incluindo:

- *"Desmembrar"* padrões de conteúdo e habilidades.
- Escrever *roteiros de avaliação*.

O planejamento de avaliações eficazes exige que você trabalhe retroativamente para alinhar os produtos ou desempenhos para o projeto com os resultados.

Este processo vai ajudá-lo a criar um plano de avaliação justo e preciso, que seja dirigido a conteúdos e habilidades específicas e forneça um retorno oportuno e útil aos alunos. No final do projeto, você será capaz de responder a três perguntas importantes: (1) Que domínio os alunos têm sobre o conteúdo? (2) Qual é o seu grau de habilidade? e (3) Com que efetividade eles aplicaram seus conhecimentos e habilidades durante a preparação de seus produtos?

Trabalhar retroativamente: como os produtos permitem que os alunos demonstrem sua aprendizagem?

Como exemplo, vamos supor que seu projeto pede aos alunos que demonstrem proficiência em três áreas: (1) dois padrões de conteúdo acadêmico; (2) apresentação oral e habilidades de pesquisa; (3) o hábito mental da reflexão. Cada resultado deve ser avaliado e incluído em um ou mais componentes dos produtos para o projeto. Primeiro, você poderia decidir que os alunos produzirão:

- Uma exposição, como um vídeo ou apresentação oral, que exige que eles demonstrem conhecimento do assunto baseado nos padrões de conteúdo e habilidades de apresentação.
- Um artigo de pesquisa sobre um tópico incluído nos padrões de conteúdo.
- Um diário que registre seu progresso durante o projeto.

Métodos diferentes são necessários para avaliar a qualidade do trabalho dos alunos nestes produtos. A apresentação e o artigo de pesquisa podem ser avaliados utilizando-se um roteiro de desempenho. Diários podem ser avaliados formal ou informalmente. Resultados de conteúdo adicionais também podem ser avaliados por meio de uma prova. Você agora dispõe de uma base para criar um plano de avaliação efetivo utilizando um produto final, múltiplos produtos e artefatos.

Produtos finais

Um *produto final** deve existir ao término de um projeto e muitas vezes representa uma combinação de conhecimento de conteúdos e habilidades que dão aos alunos uma oportunidade de demonstrar aprendizagem em diversos tópicos e habilidades. Produtos finais muitas vezes são apresentados durante ocasiões importantes envolvendo platéias com pessoas de fora da classe, deste modo estimulando os alunos a ir além de apenas "mostrar e falar" para demonstrar um aprendizado mais profundo.

Exemplos de produtos finais incluem:

- **Artigos de pesquisa.** Um produto final pode ser uma redação ou artigo de pesquisa tradicional.
- **Relatórios.** Os alunos que investigam uma questão importante em um projeto podem conduzir uma análise ou fazer pesquisa sobre uma questão comunitária ou social importante. Isso pode culminar em um relatório para a comunidade ou para a escola.
- **Apresentações multimídia.** Com a utilização de meios digitais, os alunos podem criar uma apresentação eletrônica que pode ser incluída em um portfólio *on-line* ou apresentada em uma exposição.
- **Apresentações dentro da escola.** Apresentações ou demonstrações em reuniões com toda a escola ou com outras classes são ambientes propícios para aperfeiçoar a qualidade do desempenho dos alunos. Se possível, você deve evitar que os alunos se apresentem apenas para integrantes de sua própria classe.
- **Exposições fora da escola.** Apresentações para pais e membros da comunidade podem consistir de apresentações orais ou apresentação de um projeto artístico ou de outra natureza.

EXPOSIÇÕES

Exposições são um tipo de produto em que os alunos têm a oportunidade de apresentar seu trabalho e descrever o que aprenderam. Exemplos de exposições incluem espetáculos, defesa de portfólios, apresentações, demonstrações e eventos em feiras e *shows* conduzidos pelos alunos.

As exposições prestam-se a múltiplos métodos de avaliação. O conhecimento de conteúdo, por exemplo, pode ser avaliado com base em uma única apresentação do aluno e no portfólio do trabalho no qual a apresentação se baseia. Relatórios posteriores à apresentação permitem que os alunos exponham as mudanças em seu modo de pensar decorrentes de sua participação.

As exposições possuem diversas vantagens como modo de concluir um projeto:

- Os alunos podem ajudar no planejamento das exposições e estabelecer critérios pelos quais serão julgados. Deste modo, a preparação para uma exposição pode se tornar tão importante quanto o próprio evento.
- Múltiplas exposições ao longo do tempo permitem que os alunos demonstrem sua evolução em direção a diferentes objetivos ou critérios.

*N. de R.T.
O método de ABP do BIE se refere a estes produtos como "culminantes", enfatizando que tais produtos devem evidenciar tudo o que foi aprendido com o desenvolvimento do projeto. Conforme o Dr. John R. Mergendoler, Diretor Executivo do BIE, tais produtos poderiam ser caracterizados, por esta idéia, como produtos "cumulativos".

- Os alunos podem preparar suas exposições com outras pessoas e receber apoio e retorno emocional.
- Exposições são bons exercícios em treinamento metacognitivo (por exemplo: planejamento, definição de objetivos, automonitoramento, conhecimento de quando buscar auxílio, respeitar um cronograma, etc.).
- Exposições são ambientes em que os alunos são tratados como praticantes informados que possuem conhecimentos a serem compartilhados com os outros.
- Exposições envolvem outros na avaliação dos alunos. A avaliação do aprendizado dos alunos feita pelo professor pode ser suplementada por avaliação dos colegas, de especialistas locais, auto-avaliação dos alunos e avaliações de pais e outros membros da comunidade. Alunos e outros podem desenvolver critérios de avaliação ou um roteiro, fornecer retorno enquanto os alunos praticam suas apresentações, julgar produtos ou avaliar desempenhos ao término do projeto.

Múltiplos produtos

Múltiplos produtos são apresentados durante as etapas inicial, intermediária ou avançada do projeto. Eles podem incluir produtos preliminares e finais e podem ser produzidos por indivíduos e/ou grupos.

O uso de múltiplos produtos tem vantagens distintas. Primeiro, o uso de múltiplos produtos em conjunção com marcos iniciais e intermediários do projeto dá aos alunos mais oportunidades de melhorar no decorrer do tempo e alcançar os objetivos do projeto. Eles dão a você, como professor, mais controle sobre o processo, oferecendo uma idéia inicial sobre se os alunos estão atingindo os objetivos do projeto ou enfrentando problemas imprevistos. Eles também oferecem pontos de checagem de conteúdos específicos nos quais os alunos (e o professor) podem avaliar sua evolução, decidir sobre rumos alternativos e fazer estimativas realistas da quantidade de tempo necessário para a execução do projeto. Esses pontos de checagem podem também incluir jogos de perguntas e respostas, pequenos trabalhos ou provas.

Segundo, múltiplos produtos oferecem aos alunos múltiplas oportunidades de demonstrar seu aprendizado e suas proficiências. A utilização de múltiplos produtos para organizar um conjunto sistemático de pontos de checagem para os produtos do projeto vai manter os alunos dentro dos prazos e também ajudá-los a refinar e melhorar seu trabalho.

> **Um conjunto sistemático de pontos de checagem para os produtos do projeto vai manter os alunos dentro dos prazos e também ajudá-los a refinar e melhorar seu trabalho.**

A arte de formular projetos requer um planejamento cuidadoso de atividades e produtos. Cada atividade deve fornecer informações e formar as habilidades que resultarão em um produto bem-sucedido. Depois, em pontos-chave do processo, um produto deve ser recolhido dos alunos e avaliado. Por exemplo, um artigo de pesquisa baseado em entrevistas pode ser um produto final para um projeto. Mas o artigo exige que os alunos saibam conduzir uma entrevista formal e organizem os resultados da entrevista. Isso constitui uma atividade, mas pode resultar em um plano de entrevista – outro produto para o projeto.

Exemplos de múltiplos produtos incluem:

- Propostas
- Esboços
- Planos
- Plantas
- Versões preliminares
- Versões preliminares modificadas
- Versões preliminares revisadas
- Modelos
- Análises críticas de produtos
- Vídeos
- Versões finais de artigos
- Guias de campo
- Biografias
- *Sites* da internet

Artefatos

Aprendizagem ativa é uma das metas da ABP, e isso pode introduzir desafios na gestão da classe. Mas a força efetiva da ABP reside na capacidade de criar projetos que ponham os alunos em contato com o programa da disciplina, envolvendo-os na resolução de problemas complexos e relevantes. O processo de resolução de problemas é intrinsecamente ambíguo, com uma etapa criativa em que os alunos investigam, pensam, refletem, esboçam e testam hipóteses. Grande parte desse trabalho ocorre de um modo cooperativo, que pode ser ruidoso e desordenado. O valor deste processo é que *é assim que o mundo funciona*. Ajudar os alunos a produzir um trabalho de qualidade por meio deste processo é valioso para suas vidas. O melhor modo de ajudá-los é guiá-los pelo processo com um conjunto de ferramentas e avaliar os métodos que eles estão utilizando para lidar com o processo. Depois discuta sua avaliação com os alunos. Assim, o próprio processo faz parte do conteúdo do projeto.

Como você captura este processo para avaliação? Procure os *artefatos* do processo – as evidências de que o processo de planejar, questionar e resolver problemas realmente ocorreu. Os artefatos podem ser utilizados para avaliar tanto habilidades quanto hábitos mentais. Eles requerem as mesmas considerações que outros produtos – ou seja, você deve estabelecer e compartilhar com os alunos os padrões e as expectativas para os artefatos. Algumas das evidências coletadas do processo podem ser facilmente classificadas; outras são mais informais e darão uma idéia de como os

> **EVITE AS ARMADILHAS**
>
> **Não nivele a tarefa por baixo.** Criar um projeto em que todo aluno possa desempenhar todas as tarefas vai exigir limitação das demandas do projeto àquelas que podem ser satisfeitas pelo estudante menos capaz. Dessa forma, nivelar a tarefa por baixo pode limitar o desafio do projeto, restringir o espectro de aprendizagem que poderia ocorrer e restringir a possibilidade de que alunos menos capazes possam aprender com colegas mais capazes. Permita que os alunos ajudem a determinar seus próprios limites e desafios.

alunos estão se saindo. Todas essas evidências são úteis quando oferecidas como retorno construtivo para os alunos. Criar artefatos também incentiva a habilidade de manter registros, habilidade importante na vida e no mundo do trabalho.

Exemplos de artefatos incluem:

- Notas
- Itens em diários
- Registros de correio eletrônico
- Registros de conversas, decisões e modificações
- Entrevistas utilizando um conjunto estruturado de perguntas
- Parágrafos curtos descrevendo a evolução de um projeto

Outros exemplos podem ser encontrados no **Banco de Idéias.**

2 Saber o que avaliar

Habilidades e conhecimento de conteúdos precisam ser subdivididos – desmembrados e definidos em uma série de declarações específicas do que precisa ser aprendido. Essas declarações tornam-se a base do processo de avaliação e oferecem orientação para os alunos sobre o que eles devem aprender. Muitas vezes, os valores de referência para os padrões atendem esse propósito. Mas você pode querer adicionar seus próprios pontos-chave dentro de cada categoria, para dar aos alunos uma idéia exata do que eles precisam fazer.

Como exemplo de desmembramento de uma tarefa, pense em uma apresentação oral. Ela inclui ao menos três habilidades: contato visual, postura física e projeção da voz. Ela pode incluir outros elementos, tais como ter uma abertura interessante, oferecer argumentação coerente ou incluir alguns fatos fundamentais e vocabulário relacionados com o conteúdo da apresentação.

De modo semelhante, hábitos mentais – mesmo qualidades como perseverança ou flexibilidade – podem ser definidos por declarações ou indicadores específicos. Por exemplo, o número de recursos utilizados em um artigo de pesquisa ou o número de *sites* procurados durante um projeto baseado na internet fornecem certa evidência de que um aluno perseverou durante todo o projeto.

3 Utilizar roteiros de avaliação*

Os resultados nos projetos baseiam-se no conteúdo e se orientam para o desempenho. Assim, a ABP exige avaliações que efetivamente considerem o desempenho acadêmico e a aplicação do conhecimento. Por esse motivo, roteiros de avaliação são essenciais à ABP.

Um roteiro de avaliação é um guia de pontuação que diferencia claramente os níveis de desempenho dos alunos. Quando bem redigidos, os roteiros de avaliação fornecem uma clara descrição do trabalho estudantil proficiente e servem de orientação para ajudar os alunos a atingir e superar padrões de desempenho. Do ponto de vista dos alunos, o fato mais pertinente sobre os roteiros de avaliação é que eles não são secretos. Desde o início de um projeto, os roteiros de avaliação devem estar disponíveis para os alunos, e eles podem até ajudar a criá-los.

*N. de R.T.
No original emprega-se a palavra *rubrics,* referindo-se a instrumentos de avaliação contendo diretrizes para a avaliação de elementos específicos do desenvolvimento de projetos. Por não ser usual o emprego de "rubrica" com este significado nas escolas brasileiras, optou-se por utilizar "roteiro de avaliação", uma vez que estes instrumentos correspondem, em linhas gerais, a "guias" para avaliação, organizados como conjuntos de "regras" preestabelecidas.

Os roteiros de avaliação funcionam melhor quando acompanhados por descrições exemplares, e é útil oferecer aos alunos oportunidades de aplicar roteiros de avaliação a amostras de trabalhos estudantis prévios antes de o projeto ser iniciado. Desse modo, os alunos sabem exatamente o padrão que devem atingir, assim como os indicadores específicos de desempenho que devem ser dominados para proficiência. Utilizando esse processo de ancoragem, os alunos e os professores terão uma interpretação comum da linguagem no roteiro de avaliação. Isso facilita seu objetivo de ajudar todos os alunos a atingir um padrão de desempenho, em vez de classificá-los mediante um processo surpreendente que revela quem "conseguiu" e quem não conseguiu.

Para os professores, os roteiros são um excelente instrumento de organização para um projeto. O processo de redigir um roteiro de avaliação exige que os professores pensem profundamente sobre o que querem que os alunos saibam e façam. Quanto mais claros os resultados, mais claras as tarefas e melhores os produtos.

> Os roteiros de avaliação são um excelente instrumento de organização para um projeto. O processo de redigir um roteiro exige que os professores pensem profundamente sobre o que querem que os alunos saibam e façam.

Características centrais de roteiros de avaliação eficazes

Os roteiros recomendados para uso na sala de aula são os roteiros *analíticos*, que subdividem as tarefas de um trabalho em categorias separadas para avaliação. Por exemplo, um roteiro analítico para um artigo de pesquisa poderia conter critérios para cinco categorias: (1) conteúdo; (2) organização; (3) profundidade de pesquisa; (4) uso de recursos básicos; (5) mecânica de redação. Essa subdivisão permite que os professores facilitem o aprendizado dos alunos durante o projeto ao dar a eles um retorno mais específico. Roteiros analíticos não combinam tarefas independentes em um critério.

Roteiros *holísticos* utilizam múltiplos critérios, mas eles combinam os critérios para chegar a uma única pontuação. Por exemplo, os critérios para uma apresentação oral podem incluir contato visual com a platéia, postura corporal, uso de anotações e a apresentação em si. Eles seriam pontuados como um todo, com um escore geral. Embora úteis para certas tarefas, tais como, a rápida avaliação geral de uma proposta ou projeto, roteiros holísticos carecem de detalhes úteis aos estudantes.

Em geral, roteiros eficazes:

- Baseiam-se em uma análise do trabalho estudantil. À medida que aumenta o número de amostras de trabalho avaliadas, aumenta também a validade e a confiabilidade do roteiro.
- Discriminam os desempenhos concentrando-se nas suas características centrais, e não nas características que são mais fáceis de ver, contar ou pontuar.
- Oferecem discriminação útil e adequada que permita juízos suficientemente apurados, mas não pelo emprego de um número excessivo de pontos em uma escala que torne impossível decidir entre categorias de desempenho.
- Usam descritores que sejam suficientemente ricos para permitir que os alunos confirmem sua pontuação e se avaliem e se corrijam com precisão.

- Fornecem indicadores que sejam menos ambíguos e mais confiáveis dando exemplos de o que procurar ao reconhecer cada nível de desempenho, em vez de utilizar linguagem descritiva que usa comparativos ou linguagem de valoração (por exemplo: "não tão completo quanto", ou "produto excelente") para fazer as discriminações.

Roteiros para toda a escola

Se sua escola permitir, a elaboração de roteiros gerais que se apliquem a todas as séries e assuntos pode ser uma ferramenta poderosa para o desenvolvimento de padrões elevados de desempenho em sua comunidade escolar. Por exemplo, por meio de acordos entre docentes, roteiros gerais podem ser estabelecidos para redações, apresentações orais, cooperação, pensamento crítico e resolução de problemas. Roteiros para toda a escola também podem ser redigidos para incentivar hábitos mentais associados a resultados, como promoção de tolerância, curiosidade e respeito.

Diretrizes para redigir roteiros

Os roteiros podem ser redigidos para praticamente qualquer tarefa ou produto. Roteiros separados podem ser criados para conteúdo e habilidades, mas muitas vezes eles têm por objetivo avaliar o conteúdo e as habilidades para um produto. Eles podem ser escritos para avaliar a cooperação em grupos ou desempenhos individuais. Mais importante, *cada produto principal* em um projeto requer um roteiro.

Escrever roteiros é uma das tarefas mais desafiadoras que os professores enfrentam. Escrever descrições de trabalhos estudantis proficientes com clareza exige uma análise ponderada, preparação de várias versões e estudos-pilotos. Mas a compensação é substancial. O uso de roteiros aumenta o senso de justiça dos alunos em relação às notas e reduz as objeções a elas. Os roteiros reconhecem a subjetividade das notas e ao mesmo tempo fornecem uma ferramenta mais precisa e objetiva para retorno. Mesmo que você tenha dificuldade para redigir roteiros de avaliação, os alunos apreciarão seus esforços para aprimorar o processo de aprendizagem e de avaliação.

Todos os roteiros têm três características comuns: elementos, escalas e critérios.

ELEMENTOS*

Qualquer desempenho ou produto pode ser subdividido em um conjunto de elementos, ou componentes individuais. Esses elementos descrevem vários aspectos

> O uso de roteiros aumenta o senso de justiça dos alunos em relação às notas e reduz as objeções a elas.

---

* Estas seções são adaptadas do trabalho de Grant Wiggins.

de um produto e tornam-se a estrutura para o roteiro. Por exemplo, os elementos a seguir descrevem cinco modos diferentes de avaliar uma apresentação de uma idéia ou de um produto. Eles podem ser listados no roteiro de avaliação para fornecer uma descrição abrangente do desempenho.

- **Impacto do desempenho.** O sucesso do desempenho, dados os propósitos, os objetivos e o resultado desejado.
- **Qualidade do trabalho e perícia.** O acabamento geral, a organização e o rigor do trabalho.
- **Adequação de métodos e comportamentos.** A qualidade dos procedimentos e o modo de apresentação, antes e durante o desempenho.
- **Validade do conteúdo.** A correção das idéias, habilidades ou materiais utilizados.
- **Sofisticação do conhecimento utilizado.** A complexidade ou maturidade do conhecimento exibido.

ESCALAS

Uma escala que descreve o nível de desempenho, tal como "Básico", "Proficiente" e "Avançado", deve acompanhar cada elemento de um roteiro. A maioria dos roteiros utilizam escalas de três, quatro, cinco ou seis pontos. O número de pontos é uma questão de preferência pessoal e também depende do produto a ser avaliado. Produtos mais complexos podem exigir escalas mais amplas para discriminar os graus de desempenho. Não devemos esquecer que os roteiros com escalas de número par podem ser ligeiramente mais difíceis de pontuar, pois os roteiros de números ímpares acomodam mais facilmente uma pontuação "mediana" (por exemplo, uma pontuação de três em uma escala de cinco pontos).

Itens para lembrar ao construir um roteiro de avaliação incluem:

- A linguagem utilizada para rotular a escala deve refletir o desempenho em relação aos padrões ("abaixo do padrão", "aproxima-se do padrão", "satisfaz o padrão" e "excede o padrão").
- O número de pontos na escala deve ser suficiente para representar o desempenho dos alunos com precisão.

CRITÉRIOS

Critérios são descritores específicos utilizados para determinar o êxito, ou grau de sucesso, para alcançar uma meta ou resultado. Exemplos de critérios, em relação a objetivos de desempenho, são:

- Critérios para disputar uma corrida de uma milha – terminar a corrida em menos de quatro minutos.
- Critérios para uma apresentação oral efetiva – manter contato visual com os membros da platéia durante 80% da apresentação.
- Critérios para trabalhar em cooperação efetivamente – cada membro do grupo faz uma contribuição visível e significativa para o produto final.

> **Independentemente de os alunos poderem ter ou não um desempenho exemplar, o roteiro deve ser formulado a partir de um quadro de excelência para estabelecer um objetivo válido e uma ancoragem para a pontuação.**

Para aplicar critérios para os elementos e escalas em um roteiro, você deve:

- Decidir que critérios aplicar a diferentes aspectos do desempenho (impacto do desempenho, qualidade do trabalho e perícia, adequação de métodos e comportamentos, validade do conteúdo e sofisticação do conhecimento utilizado).
- Escrever critérios que descrevam comportamentos ou resultados que você possa medir ou observar com facilidade. Se o objetivo for "escrita efetiva", os critérios poderiam ser envolvente, atento ao público, claro, focado, linguagem adequada, etc.
- Decidir que critérios são essenciais para esta atribuição. Critérios em excesso são difíceis de avaliar integralmente.
- Sempre construir seus roteiros do topo, partindo de uma descrição de desempenho exemplar. Independentemente de os alunos poderem ter ou não um desempenho exemplar, o roteiro deve ser formulado a partir de um quadro de excelência para estabelecer um objetivo válido e uma ancoragem para a pontuação. Se possível, use os melhores trabalhos dos alunos, ou o trabalho de profissionais, para obter um quadro de desempenho excepcional.

Um descritor ou indicador deve ser expresso em uma linguagem concreta que identifique comportamentos, traços ou sinais de desempenho relacionados com os critérios. O segredo para o desenvolvimento de bons descritores e indicadores é ampliar o significado de palavras como "excelente" com uma linguagem que descreva como a excelência realmente aparece no desempenho. Mais uma vez, utilize o trabalho dos alunos para construir o roteiro e aumentar a validade e a clareza da linguagem.

Dicas adicionais

Existem outros truques para a criação de bons roteiros. Talvez as dicas a seguir sejam úteis:

- **Utilize a taxonomia de Bloom.** A linguagem dos roteiros é importante. Para exemplos de linguagem, consulte os verbos na taxonomia de Bloom (no **Banco de Idéias** nesta seção). Esses verbos ativos oferecem idéias sobre como os alunos podem demonstrar proficiência em processos fundamentais da aprendizagem.
- **Associe os critérios de pontuação a padrões de conteúdo.** Um excelente modo de criar um roteiro é consultar os valores de referência ou os indicadores para os padrões de conteúdo que fazem parte dos resultados para os projetos. Utilizar essa linguagem garante que os alunos serão avaliados sobre conteúdos vitais.
- **Encontre o número certo de roteiros e o nível de especificidade.** Os projetos podem acabar com muitos roteiros, o que pode confundir professores e alunos. Por outro lado, um número insuficiente de roteiros não permite uma avaliação adequada em projetos maiores. Decidir quantos roteiros utilizar pode ser um

desafio porque toda tarefa pode ser subdividida em tarefas menores, e assim sucessivamente. O desafio é decidir os elementos essenciais que você deseja avaliar e o nível adequado de especificidade.

- **Use a linguagem dos alunos.** Para facilitar a compreensão, os professores muitas vezes solicitam aos alunos que reescrevam os padrões com suas próprias palavras. Isso também pode ser feito com os roteiros. Alternativamente, os próprios alunos podem criar roteiros e propor a linguagem para eles. Este processo funciona particularmente bem quando os alunos se concentram nos padrões mais elevados e criam a linguagem para produtos exemplares. Isso os ajuda a internalizar os objetivos e padrões para o projeto.
- **Mantenha elevado o padrão para trabalho exemplar.** O melhor trabalho deve ser *muito* bom, para que os alunos tenham um alvo de valor. A utilização de descrições exemplares baseadas em padrões elevados permite que você construa um roteiro completo com mais nuances e amplitude de linguagem. Evidentemente, os graus de desempenho também devem ser calibrados para que correspondam à capacidade de seus alunos. Os roteiros podem mudar à medida que os alunos mudam e dominam novas habilidades e conteúdos. Eles podem ser reescritos para acompanhar o aperfeiçoamento das habilidades, ou o peso das seções no roteiro pode mudar para enfatizar diferentes habilidades.
- **Julgue o produto em vez de adivinhar o que aconteceu no processo.** Ao redigir roteiros, evite linguagem que faça você ter que adivinhar se algo aconteceu. Em vez disso, concentre-se em resultados concretos. Por exemplo, em vez de um descritor que indica que os alunos "apresentaram compreensão" de um problema, concentre-se no produto do processo criativo ou na resolução de problemas.

Consulte o **Banco de Idéias** ao final desta seção para exemplos de roteiros. Estes são os melhores guias para formular roteiros para seu projeto.

Roteiros e notas

Existem diversas soluções para quem quer incorporar medidas baseadas em desempenho, como os roteiros, ao seu sistema de atribuição de notas. Pode-se utilizar um roteiro para classificar conteúdo e, ao mesmo tempo, utilizar um sistema de pontos para medir aspectos específicos de um produto. Por exemplo, um roteiro de desempenho é um excelente modo de descrever os padrões de conteúdo para uma redação. Mas um sistema de pontos pode ser útil para denotar os detalhes da mecânica de escrita que se quer que os alunos dominem. O uso de ambos pode dar aos alunos um quadro completo das expectativas, e eles podem ser facilmente incorporados ao sistema de notas.

Se você decidir dar uma nota geral para um projeto, lembre-se de avaliar cada categoria distinta dele – tal como conteúdo, ética de trabalho, cooperação e apresentação – e atribua uma nota para cada categoria. Isso fornece um retorno mais explícito aos alunos sobre seu desempenho em aspectos específicos do projeto. Para dar uma nota final, você pode decidir que o peso atribuído a cada categoria é diferente. Por exemplo, você pode decidir que o conteúdo é duas vezes mais importante do que as habilidades de expressão oral – e assim ele tem o dobro do peso na nota final.

Preparar um roteiro geral separado que contenha todos os elementos sobre os quais a nota se baseia pode capturar esse sistema de notas. Se você preferir, uma seção chamada *Aperfeiçoamento ao longo do tempo*, com indicadores apropriados, pode ser adicionada a um roteiro de notas para levar em conta a evolução dos alunos.

EVITE AS ARMADILHAS

Não confie demais no papel que a Aprendizagem Baseada em Projetos pode desempenhar. A ABP possui muitos benefícios, mas não é eficiente para ensinar aos alunos as habilidades básicas de compreensão, vocabulário, escrita e computação. Por exemplo, os projetos podem incluir aplicações matemáticas, mas os fundamentos da matemática são melhor ensinados por meio de instrução direta.

EXEMPLOS DE PRODUTOS FINAIS

Com a Aprendizagem Baseada em Projetos, nem sempre é fácil decidir que tipo de produto final* você quer que os alunos produzam. A seguir apresentamos uma relação de possibilidades. A maioria, senão todos, dos produtos exigem que os alunos tenham realizado pesquisas de base substanciais. Os produtos podem ser adaptados para determinadas idades e séries.

- Escreva uma proposta ou crie um projeto que proponha uma solução para um problema difícil ou que aborde uma questão da comunidade. Por exemplo, proponha uma pista de ciclismo ou uma área de recreação e submeta a proposta a uma agência local de planejamento. A proposta poderia incluir o projeto, o impacto ambiental e uma estimativa de custo.
- Estude um terreno próximo a sua escola e crie um projeto sobre como aquele terreno poderia ser usado, levando em consideração o desenvolvimento econômico, as questões ambientais, os usos recreativos, etc.
- Pesquise uma questão importante para sua comunidade. Proponha uma lei que resolva um problema reconhecido.
- Elabore um modelo ou uma estrutura que demonstre uma lei, um princípio ou uma idéia. Descreva por escrito o processo passo a passo de como a estrutura foi feita, como funciona e como ela demonstra o conceito em questão. Por exemplo, construa um modelo de um átomo ou composto químico, ou construa um modelo que demonstre as placas tectônicas e a formação dos continentes.
- Invente um dispositivo para resolver um problema ou aperfeiçoar um processo ou produto. Inclua uma explicação escrita do projeto e do processo de construção e de como o dispositivo aperfeiçoará o processo ou produto.
- Crie uma produção de áudio, vídeo ou multimídia que comunique uma determinada situação ou idéia. Documente e sustente sua idéia com materiais escritos.
- Faça uma apresentação oral de um tópico selecionado. Documente e sustente sua apresentação com materiais escritos incluindo fontes.
- Escreva um artigo de revista sobre um determinado tópico ou conceito.
- Participe de uma discussão estruturada sobre um tópico ou conceito específico. Escreva uma resposta que reflita sobre o tópico, incluindo o que foi aprendido, perguntas adicionais e idéias e pensamentos relacionados.

BANCO DE IDÉIAS
PLANEJE A AVALIAÇÃO

EXEMPLOS DE MÚLTIPLOS PRODUTOS

PRODUTOS ESCRITOS	**PRODUTOS DE APRESENTAÇÃO**	**PRODUTOS TECNOLÓGICOS**	**PRODUTOS DE MÍDIA**
Relatório de pesquisa	Discurso	Base de dados informatizada	Gravação em áudio
Narrativa	Debate	Ilustração em computador	Apresentação de *slides*
Carta	Peça	Programa de computador	Gravação em vídeo
Cartaz	Música/letra	CD-ROM	Desenho
Resumo	Peça musical	*Site* na internet	Pintura
Proposta	Relato oral		Escultura
Poema	Discussão em mesa redonda		Colagem
Esboço	Montagem dramática		Mapa
Brochura	Noticiário		Álbum
Panfleto	Discussão		História oral
Pesquisa/questionário	Dança		Álbum fotográfico
Autobiografia	Proposta		
Ensaio	Apresentação de dados (por exemplo, gráfico)		
Análise de livro	Exposição de produtos		
Relatório			
Editorial			
Roteiro de cinema			

PRODUTOS DE TREINAMENTO	**PRODUTOS DE PLANEJAMENTO**	**PRODUTOS DE CONSTRUÇÃO**
Programa	Proposta	Modelo físico
Manual	Estimativa	Produto de consumo
Modelo de trabalho	Oferta	Sistema
	Projeto	Máquina
	Fluxograma	Instrumento científico
	Cronograma	Apresentação em museu
		Diorama

"Exemplos de múltiplos produtos" é uma adaptação do trabalho de John Thomas.

EXEMPLOS DE ARTEFATOS

PRODUTOS QUE REVELAM ETAPAS DO PROCESSO

Notas	Registros de correio eletrônico	Conversas	Relatórios de processo de grupo
Entradas em diários	Registros de telefonemas	Atas de reuniões	
Descrições de atividades	Recibos de compra	Contas de telefone	
Registros de pesquisa em biblioteca	Amostras	Idéias descartadas	
		Protótipos	

VANTAGENS E DESVANTAGENS DOS MÉTODOS DE AVALIAÇÃO

Os diversos métodos de avaliação possuem pontos fortes e fracos diferentes. Você pode combinar os métodos de avaliação com os diferentes resultados que especificou. A tabela a seguir oferece alguns exemplos.

	APRESENTAÇÕES	PRODUTOS ESCRITOS	TESTES	RELATOS PRÓPRIOS
Melhor aplicação	Conhecimento de conteúdo e habilidades.	Conhecimento de conteúdo, algumas habilidades.	Conhecimento de conteúdo.	Hábitos mentais.
Vantagens	Oportunidades para contextos autênticos. Permite que os alunos demonstrem seu trabalho para uma platéia autêntica. Permite a integração de habilidades complexas.	Permite aos alunos trabalhar por um período extenso de tempo e incorporar modificações. Leva em conta perícia dos alunos, orgulho e qualidade do acabamento dos trabalhos	Permite uma aplicação padronizada a grandes grupos de alunos. Útil para avaliar alunos individuais.	Permite que o professor avalie atitudes, reflexões e processos de pensamento dos alunos. Permite que os alunos identifiquem os benefícios do trabalho do projeto; bom para identificar conseqüências imprevistas.
Desvantagens	Difícil de montar e administrar, especialmente com um número maior de alunos.	Difícil de avaliar contribuições individuais quando o produto é de grupo. Julgar o que foi aprendido nem sempre é evidente pela consideração dos produtos.	Difícil de avaliar habilidades por meio de medidas obtidas de provas com papel e lápis.	Difícil de estabelecer critérios confiáveis.

USANDO A TAXONOMIA DE BLOOM PARA REDIGIR ROTEIROS

NÍVEL	ÊNFASE	OBJETIVO	VERBOS A USAR
1 Conhecimento	Reconhecimento e recordação – a capacidade de recordar fatos do modo como foram apresentados pela primeira vez.	Mostrar que você sabe.	Listar, contar, definir, identificar, rotular, localizar, reconhecer.
2 Compreensão	Compreender o significado e intenção da informação – a capacidade de explicar ou traduzir para suas próprias palavras.	Mostrar que você compreende.	Explicar, ilustrar, descrever, resumir, interpretar, expandir, converter.
3 Aplicação	Uso da informação – a capacidade de aplicar o aprendizado a novas situações e circunstâncias de vida reais.	Mostrar que você sabe usar o que aprendeu.	Demonstrar, aplicar, utilizar, construir, encontrar soluções, coletar informações, desempenhar, resolver, escolher procedimentos apropriados.
4 Análise	Raciocinar – a capacidade de subdividir a informação em partes componentes e detectar relações de uma parte com outra e com o todo.	Mostrar que você capta e sabe escolher os pontos mais importantes no material apresentado.	Analisar, debater, diferenciar, generalizar, concluir, organizar, determinar, distinguir.
5 Síntese	Originalidade e criatividade – a capacidade de reunir partes separadas para formar um todo novo.	Mostrar que você sabe combinar conceitos para criar uma idéia original ou nova.	Criar, formular, planejar, produzir, compilar, desenvolver, inventar.
6 Avaliação	Avaliação crítica – a capacidade de utilizar critérios ou padrões de avaliação e julgamento.	Mostrar que você sabe julgar e avaliar idéias, informações, procedimentos e soluções.	Comparar, decidir, avaliar, concluir, contrastar, desenvolver critérios, estimar.

UM EXEMPLO DE CATEGORIAS DE DESEMPENHO E CRITÉRIOS

COMPREENSÃO	QUALIDADE DO TRABALHO	COMPORTAMENTO INDIVIDUAL
Demonstra compreensão	Originalidade	Diligência
Demonstra extensão/aplicação	Completude	Pontualidade
Lida com as questões de um modo que demonstra domínio	Correção	Persistência
Abrangência	Adequação	Foco da tarefa
Adequação dos materiais	Qualidade da organização ou encenação	Eficiência
	Qualidade do uso de meios	Entusiasmo
	Qualidade de apresentação	

EXEMPLOS DE ROTEIROS
UM PROJETO DE ESTUDOS POLÍTICOS

Este projeto possui cinco produtos diferentes.

Documento de posição

CATEGORIA E PESO	INSATISFATÓRIO	ACEITÁVEL	AVANÇADO
História da questão 30%	Contexto e história da questão breves ou incompletos, com pouca ou nenhuma documentação; pouca ou nenhuma discussão sobre a legislação ou políticas. Pouca evidência de pesquisa.	Contexto e história da questão adequadamente discutidos e documentados; incluídas algumas datas de legislação ou políticas. Alguma evidência de pesquisa.	Contexto e história da questão minuciosamente discutidos e documentados; datas da legislação ou decisões sobre políticas incluídas. Pesquisa minuciosa evidente.
Declaração de posição 30%	Posição sobre a questão não explicada ou sustentada. Pouca ou nenhuma evidência de pensamento crítico ou exame de diferentes aspectos da questão.	Posição sobre a questão explicada e documentada.	Posição sobre a questão minuciosamente explicada e documentada por duas ou mais fontes.
Justificativa ou recomendação 30%	Leis ou políticas sobre a questão insuficientemente justificadas e demonstradas, pouca ou nenhuma recomendação para nova legislação. Nenhuma pesquisa evidente.	Algumas leis ou políticas sobre a questão adequadamente justificadas e demonstradas, ou algumas recomendações para nova legislação. Fontes de pesquisa limitadas.	Leis ou políticas sobre a questão claramente justificadas, demonstradas e sustentadas por múltiplas fontes, ou recomendações específicas e claramente definidas para nova legislação.
Uso/mecânica 10%	Controle básico ou limitado de estrutura frasal com escolha limitada ou simplista de vocabulário; diversidade de erros de gramática, ortografia e pontuação, que se repetem e causam confusão.	Controle adequado de estrutura frasal com escolha adequada de vocabulário; erros de gramática, ortografia e pontuação, mas que não causam confusão.	Controle excepcional de estrutura frasal com precisa escolha de vocabulário e uso adequado da linguagem; mínimos erros gramaticais, ortográficos e de pontuação.

Continua...

UM PROJETO DE ESTUDOS POLÍTICOS (continuação)

Página do partido político na internet

CATEGORIA E PESO	INSATISFATÓRIO	ACEITÁVEL	AVANÇADO
Forma e função 20%	Página eletrônica mal-projetada, com sistema de navegação difícil ou que não funciona, ou pouca consideração às técnicas profissionais de criação gráfica.	Página eletrônica com aparência agradável; bem organizada e fácil de navegar. Todos os *links* funcionam.	Página eletrônica bem organizada e fácil de navegar; criada utilizando-se técnicas gráficas avançadas (barras de navegação, animação, cor, *layout*, uniformidade de fontes, etc.) Todos os *links* funcionam.
Logotipo 5%	Ausência de logotipo ou logotipo inapropriado.	Logotipo representa bem a história ou filosofia do partido.	Além de representar efetivamente a história ou filosofia do partido, o logotipo tem aspecto profissional.
Declaração de missão/filosofia 5%	Nenhuma evidência de filosofia na declaração.	Filosofia do partido descrita de forma sucinta.	Filosofia e objetivos do partido descritos de forma clara, com declarações específicas sobre as questões mais importantes para o partido. Inclui posição da filosofia sobre a "natureza do homem".
Questões de plataforma e posições 50%	A plataforma com poucas posições declaradas sobre questões importantes ou as posições não planamente justificadas e apoiadas pela pesquisa e documentação.	Plataforma com posições declaradas em todos os 13 quesitos, incluindo tópicos sociais, econômicos e políticos. Algumas posições plenamente justificadas e apoiadas pela pesquisa e documentação.	Plataforma com posições declaradas em pelo menos 13 quesitos importantes, incluindo tópicos sociais, econômicos e políticos. Todas as posições plenamente justificadas e apoiadas por pesquisa e documentação.
Gramática/mecânica 20%	Erros significativos que impedem a compreensão do conteúdo.	Apenas erros menores que não impedem o entendimento do conteúdo.	Nenhum erro.

Documento de propaganda

CATEGORIA E PESO	INSATISFATÓRIO	ACEITÁVEL	AVANÇADO
Formato/aparência 50%	Cartaz não parece organizado nem planejado com cuidado.	Bom planejamento e aparência. Cartaz legível.	Planejamento especial e criativo, com grande atenção aos detalhes.
Mensagem conteúdo 50%	Mensagem pouco clara ou divergente das posições na página eletrônica.	Mensagem clara e memorável; reflete com precisão as posições na página eletrônica.	Mensagem clara e memorável; reflete com precisão as posições na página eletrônica. O conteúdo estimula a reflexão.

Continua...

UM PROJETO DE ESTUDOS POLÍTICOS (continuação)

Peça publicitária

CATEGORIA E PESO	INSATISFATÓRIO	ACEITÁVEL	AVANÇADO
Gestão do tempo 20%	Utiliza significativamente menos de 120 segundos ou foi cortada.	Utiliza pouco menos de 120 segundos.	Utiliza exatamente 120 segundos.
Mensagem/conteúdo 40%	Mensagem pouco clara ou divergente das posições na página eletrônica.	Mensagem clara e memorável; reflete com precisão as posições na página eletrônica.	Mensagem clara e memorável; reflete com precisão as posições na página eletrônica. Conteúdo criativo e envolvente.
Técnicas de propaganda 20%	Não usa atrativos e técnicas de distração.	Usa atrativos e técnicas de distração.	Usa atrativos e técnicas de distração que persuadem o público.
Desempenho 20%	Apresentação parece não ter sido ensaiada.	Atores ensaiaram bem e se apresentaram com poucos erros.	Atores ensaiaram bem e se apresentaram sem erros.

Discurso de campanha

CATEGORIA E PESO	INSATISFATÓRIO	ACEITÁVEL	AVANÇADO
Gestão do tempo 20%	Utiliza significativamente menos de cinco minutos para discurso e não responde às perguntas.	Utiliza menos de cinco minutos para discurso, mas preenche o resto do tempo respondendo às perguntas.	Utiliza exatamente cinco minutos para discurso e responde a todas as perguntas dentro do tempo estipulado.
Conteúdo-discurso 40%	Mensagem pouco clara ou divergente das posições na página eletrônica. Posição do partido não evidente com base no discurso.	Mensagem clara e memorável; reflete com precisão as posições na página eletrônica. Apresentador capaz de responder à maioria das perguntas da platéia.	Mensagem clara e memorável; reflete com precisão as posições na página eletrônica. Apresentador capaz de recordar informações da pesquisa para sustentar afirmações e capaz de responder a todas as perguntas da platéia.
Conteúdo-perguntas 40%	Respostas são argumentos irrefletidos e muitas vezes carecem de evidências ou pesquisas para sustentar a posição do partido.	Respostas são argumentos claros e contêm algumas evidências para apoiar a posição do partido.	Respostas são argumentos claros e bem elaborados e contêm evidências substanciais para apoiar a posição do partido.

Nota: Um roteiro separado foi utilizado para habilidades orais de apresentação.

"Um projeto de estudos políticos" é uma adaptação de materiais fornecidos pela Napa New Technology High School, Napa, Califórnia.

EXEMPLOS DE ROTEIROS
APRESENTAÇÃO ORAL I

	INÍCIO A apresentação está em fase inicial	**PRINCIPIANTE** A apresentação pode incluir momentos de qualidade, mas poderia ser aperfeiçoada em vários aspectos importantes	**PROFICIENTE** A apresentação é aceitável, mas poderia ser aperfeiçoada em alguns aspectos importantes	**EXEMPLAR** A apresentação é exemplar
Conteúdo	A apresentação não inclui informações sobre pontos importantes.	Informações importantes estão ausentes, ou existem poucos detalhes de apoio.	Informações completas com detalhes básicos de apoio, aumentando o conhecimento do público pelo menos em certa medida.	Informações completas e bem apoiadas em detalhes, aumentando significativamente o conhecimento do público sobre o assunto.
Pensamento e comunicação	A apresentação não expressa os principais pontos de forma clara, completa ou persuasiva.	A apresentação parece comunicar apenas uma compreensão limitada do assunto. Os principais pontos não são apresentados com clareza ou de modo persuasivo.	A apresentação demonstra boa compreensão do assunto, com alguns lapsos. As principais idéias do apresentador são claras mas não persuasivas.	A apresentação demonstra compreensão profunda e completa do assunto. As principais idéias do apresentador são lógicas e persuasivas.
Organização, mecânica e vocabulário	Não há introdução para prender a atenção da platéia. O corpo da apresentação precisa de organização e detalhes de apoio. Um fechamento adequado está faltando. O apresentador não domina palavras e expressões fundamentais relacionadas ao assunto.	A introdução não é clara ou não prende a atenção da platéia. O corpo da apresentação está confuso com dados de apoio limitados. O fechamento não é claro ou não inclui muitos dos principais pontos. O vocabulário do apresentador sobre o assunto é limitado.	A introdução apresenta a finalidade, mas não prende a atenção da platéia. A principal parte da apresentação é organizada e seqüencial com alguns detalhes de apoio. O fechamento fornece uma síntese das principais idéias. O vocabulário é adequado para o assunto, com alguns lapsos.	A introdução prende a atenção da platéia e apresenta a finalidade com clareza. A principal parte da apresentação é organizada, seqüencial e bem embasada com detalhes. O fechamento fornece uma síntese completa das principais idéias. O apresentador demonstra vocabulário rico e adequado ao assunto.

Continua...

EXEMPLOS DE ROTEIROS
APRESENTAÇÃO ORAL I (continuação)

	INÍCIO A apresentação está em fase inicial	PRINCIPIANTE A apresentação pode incluir momentos de qualidade, mas poderia ser aperfeiçoada em vários aspectos importantes	PROFICIENTE A apresentação é aceitável, mas poderia ser aperfeiçoada em alguns aspectos importantes	EXEMPLAR A apresentação é exemplar
Ilustração	Ausência de recursos de apresentação.	Os recursos de apresentação não contribuem para a compreensão da platéia ou são confusos.	Os recursos de apresentação são adequados ao tópico, mas não estão bem integrados à apresentação como um todo.	Os recursos de apresentação têm clara relação com o material, são bem executados e informativos para o público.
Apresentação	Não há evidência de controle de tom, clareza e volume de voz. Não há evidência de criatividade. O apresentador está visivelmente nervoso e não demonstra interesse pelo assunto. O apresentador não faz contato visual com a platéia. Gestos e consciência de expressão facial estão ausentes.	A clareza da fala é irregular; momentos de hesitação na apresentação. Evidências limitadas de criatividade. O apresentador não está totalmente seguro sobre o assunto; parece nervoso ou alheio. Contato visual limitado ou esporádico com a platéia. Uso limitado ou inadequado de gestos físicos ou expressões faciais.	Bom tom de voz; recupera-se facilmente de erros de linguagem. Criatividade aparente, mas pouco integrada à apresentação. O apresentador tem domínio do assunto, mas parece ligeiramente nervoso na apresentação. Bom contato visual com a platéia durante a maior parte da apresentação. O uso de gestos e expressões faciais é bom, mas às vezes parece forçado ou artificial.	Voz forte e clara facilmente compreendida pela platéia. O uso de criatividade mantém a atenção da platéia. O apresentador demonstra segurança ao discorrer sobre o assunto. Excelente contato visual com a platéia durante toda a apresentação. O uso de gestos e expressões faciais demonstra energia e entusiasmo.

"Apresentação oral I" é uma adaptação de Co-nect Student Project Guide, 2002.

EXEMPLOS DE ROTEIROS
APRESENTAÇÃO ORAL II

CRITÉRIOS E PESO	INSATISFATÓRIO Abaixo dos padrões de desempenho	PROFICIENTE Critérios aceitáveis	AVANÇADO Demonstra desempenho excelente
Estrutura e organização / 30%			*Além dos critérios de proficiência:*
Introdução	Ausência de introdução formal, ou a introdução não apresentou declaração clara da tese. Nenhuma previsão dos tópicos a discutir.	A introdução apresentou clara declaração da tese e uma previsão dos tópicos a discutir.	Introdução engenhosa que prende a atenção, ou tese imaginativa e previsão.
Idéias principais	As idéias principais não foram separadas em uma progressão lógica.	As idéias principais foram apresentadas em uma progressão lógica.	Idéias ligadas por transições originais e sempre lógicas; padrão criativo.
Materiais de apoio	Idéias importantes não foram apoiadas com referências ou dados.	Idéias e pontos de vista importantes foram apoiados com referências precisas e detalhadas no texto e em outros trabalhos.	
Conclusão	Nenhuma conclusão, ou a conclusão não sintetiza adequadamente a apresentação.	A conclusão reafirmou a tese e sintetizou as idéias apresentadas.	A conclusão "costura" a apresentação, e a mensagem foi memorável.
Exigência de duração	A apresentação não usou o tempo alocado.	A exigência de tempo foi atendida para a tarefa específica (nem longa nem curta demais).	O apresentador usou atrativos lógicos, éticos e emocionais que realçaram um tom e finalidade específicos.
Expressão vocal / 20%			*Além dos critérios de proficiência:*
Rapidez e volume da fala	Difícil ouvir ou compreender o apresentador.	Fácil ouvir ou compreender o apresentador.	Agradável ouvir. O apresentador fez uso de expressão e ênfase.
Tom, articulação e pronúncia	A voz ou o tom não correspondem ao propósito da apresentação. Uso excessivo de palavras redundantes.	Tom de conversação, mas com propósito. A voz pareceu natural, não sendo padronizada nem monocórdica. O apresentador pronunciou as palavras com clareza, corretamente e sem palavras redundantes.	O apresentador usou voz para criar uma resposta emocional na platéia.
Características físicas / 15%			*Além dos critérios de proficiência:*
Contato visual	Pouco contato visual com a platéia.	Forte contato visual com a platéia.	
Postura	Postura relaxada ou inadequada.	A postura transmitiu segurança.	Postura de domínio e propositada.
Gestos e movimentos	Movimentos duros ou pouco naturais.	Gestos e movimentos naturais e eficazes.	
Traje	Roupa inapropriada para a ocasião.	Roupa apropriada para a ocasião.	Roupa escolhida para realçar a apresentação.

Continua...

EXEMPLOS DE ROTEIROS
APRESENTAÇÃO ORAL II (continuação)

CRITÉRIOS E PESO	INSATISFATÓRIO Abaixo dos padrões	PROFICIENTE Critérios aceitáveis	AVANÇADO Demonstra desempenho
Adequação do conteúdo e da linguagem / 15%			*Além dos critérios de proficiência:*
Para platéia, propósito e trabalho	O apresentador usou linguagem, conteúdo ou exemplos inadequados para a platéia. O apresentador não explicou o trabalho ou a finalidade da apresentação.	O apresentador evidentemente levou em conta a platéia e usou linguagem e exemplos adequados. O apresentador demonstrou clara compreensão das exigências e do conteúdo do trabalho.	Exemplos e vocabulário criativos e bem escolhidos para o público-alvo.
Impacto geral / 10%			*Além dos critérios de proficiência:*
Energia, entusiasmo, sinceridade, originalidade/ criatividade	O apresentador passou a mensagem sem convicção.	O apresentador parecia acreditar firmemente na mensagem e demonstrou querer que a platéia ouvisse, compreendesse e lembrasse.	A apresentação geral foi criativa e empolgante.
Características / 10%			*Além dos critérios de proficiência:*
Multimídia, visuais, áudio	Os materiais prejudicaram o conteúdo ou a finalidade da apresentação ou eram de baixa qualidade.	Os materiais acrescentaram, não prejudicaram a apresentação. Os materiais usados eram produtos de qualidade, fáceis de ver e ouvir.	O apresentador integrou criativamente uma diversidade de objetos, diagramas e gráficos para ampliar a mensagem.

"Apresentação oral II" é uma adaptação de materiais fornecidos pela Napa New Technology High School, Napa, Califórnia, 2001-2002.

EXEMPLOS DE ROTEIROS
ARTIGO DE PESQUISA

	INÍCIO O artigo de pesquisa está em fase inicial	**PRINCIPIANTE** O artigo de pesquisa pode apresentar momentos de qualidade, mas poderia ser aperfeiçoado em vários aspectos importantes	**PROFICIENTE** O artigo de pesquisa é aceitável	**EXEMPLAR** O artigo de pesquisa é exemplar
Conteúdo	O trabalho carece de informações e/ou as informações são imprecisas e irrelevantes.	Fornece informações básicas, algumas das quais podem ser incorretas e/ou irrelevantes; baseado em mínima pesquisa.	Fornece informações parcialmente completas, precisas e relevantes; baseado em pesquisa suficiente.	Fornece informações completas, precisas e relevantes; baseado firmemente em pesquisas extensas e cuidadosas.
Pensamento e comunicação	Demonstra pouca compreensão do assunto. As idéias não estão expressas com clareza, ou não estão apoiadas por exemplos, razões, detalhes e explicações. Não há interpretação e análise do material.	Demonstra alguma compreensão do assunto, mas com análise e reflexão limitadas. As idéias não estão expressas com clareza, e há carência de exemplos, razões, detalhes e explicações. Examina a questão de uma única perspectiva.	Demonstra uma compreensão geral do assunto. As idéias geralmente estão expressas com clareza pelo uso adequado de exemplos, razões, detalhes ou explicações. Examina as questões de mais de uma perspectiva.	Demonstra compreensão aprofundada da(s) questão(ões) em discussão mediante análise e reflexão criteriosas. As idéias são desenvolvidas e expressas plena e claramente, usando muitos exemplos apropriados, razões, detalhes ou explicações. Examina a questão de três ou mais perspectivas.
Organização, mecânica e vocabulário	As seções escritas carecem de dispositivos organizacionais, tais como parágrafos, seções, capítulos e transições. Numerosos erros de gramática, pontuação e ortografia. Bibliografia ou seção de referências ausente.	A linguagem é copiada de outra fonte. Os dispositivos organizacionais, tais como parágrafos, seções, capítulos e transições, são falhos ou ausentes. Numerosos erros de gramática, pontuação e ortografia. A bibliografia ou seção de referências contém um número inadequado de fontes primárias ou secundárias.	O trabalho é escrito com as palavras do próprio autor. Existem alguns problemas com dispositivos organizacionais, tais como parágrafos, seções, capítulos e transições. Existem alguns erros de gramática, pontuação e ortografia. A bibliografia ou seção de referências identifica um número suficiente de fontes primárias ou secundárias.	Todas as idéias estão nas palavras do próprio autor e foram bem escolhidas. Os dispositivos organizacionais, tais como parágrafos, seções, capítulos e transições, foram utilizados efetivamente. Com pequenas exceções, gramática, pontuação e ortografia estão corretas. A bibliografia ou seção de referências identifica uma variedade de fontes primárias ou secundárias.

Continua...

EXEMPLOS DE ROTEIROS
ARTIGO DE PESQUISA (continuação)

	INÍCIO O artigo de pesquisa está em fase inicial	PRINCIPIANTE O artigo de pesquisa pode apresentar momentos de qualidade, mas poderia ser aperfeiçoado em vários aspectos importantes	PROFICIENTE O artigo de pesquisa é aceitável	EXEMPLAR O artigo de pesquisa é exemplar
Ilustração	As lustrações não ajudam o leitor a compreender o conteúdo e principal(is) mensagem(ns)	Elementos visuais não relacionados ou oferecendo pouca sustentação ao trabalho. Gráficos, tabelas, quadros, diagramas, figuras e/ou modelos rotulados inapropriadamente ou irrelevantes.	Elementos visuais dão sustentação ao trabalho. Há algumas rotulações inapropriadas de gráficos ou erros na elaboração (por exemplo, uma figura está confusa porque não tem uma legenda).	O trabalho é bem apoiado por tabelas, diagramas, figuras e/ou modelo úteis e cuidadosamente ilustrados – todos devidamente rotulados e legendados.
Apresentação	O trabalho não é limpo nem organizado, e não inclui todos os elementos necessários.	O trabalho não é limpo e inclui pequenas falhas ou omissões de elementos necessários.	A apresentação é boa. A aparência é de modo geral limpa, com algumas falhas menores ou elementos ausentes.	O trabalho é bem apresentado e inclui todos os elementos necessários. A aparência geral é limpa e profissional.

"Artigo de pesquisa" é uma modificação de Co-nect Student Project Guide, 2002.

EXEMPLOS DE ROTEIROS
PENSAMENTO CRÍTICO

CRITÉRIOS	INSATISFATÓRIO Abaixo dos padrões de desempenho	PROFICIENTE Critérios aceitáveis	AVANÇADO Demonstra desempenho exemplar
Adequação O aluno seleciona material, objetos e/ou técnicas que atendem às necessidades, exigências e regras de tempo, lugar e público.	Material (fotos, arquivos de som, videoclipes, vestuário, ilustrações, etc.) é inadequado para a platéia ou situação. A linguagem não é adequada para a platéia e a situação (conforme definida pelas diretrizes da escola e do distrito). Nenhuma evidência de que o aluno selecionou uma ferramenta, técnica ou paradigma eficiente para alcançar o objetivo definido nas diretrizes do projeto ou curso. O humor não realça a compreensão e pode ofender a platéia.	O aluno seleciona material (fotos, arquivos de som, videoclipes, vestuário, ilustrações, etc.) adequado para a platéia e para a ocasião. O aluno usa linguagem adequada para a platéia e para a ocasião. O aluno seleciona uma ferramenta, técnica ou paradigma eficiente para alcançar o objetivo definido nas diretrizes do projeto ou curso. O aluno usa humor que realça a compreensão e não ofende a platéia.	*Além dos critérios de proficiência*: O aluno demonstra profunda compreensão da platéia e da situação selecionando material que realça a compreensão. O aluno usa linguagem que gera uma reação forte e positiva na platéia. O aluno cria ferramentas, técnicas ou paradigmas que atingem o objetivo desejado.
Aplicação O aluno usa este material, compreensão e/ou habilidade em novas situações.	Não demonstrada capacidade de aplicar teorias, princípios e/ou habilidades a novas situações, ambientes ou problemas. O aluno não é capaz de modificar teorias, produtos, comportamentos ou habilidades para que se adaptem a ambientes novos ou modificados.	O aluno demonstra capacidade de aplicar teorias, princípios e/ou habilidades a novas situações, ambientes ou problemas. O aluno é capaz de modificar teorias, produtos, comportamentos ou habilidades para que se adaptem a ambientes novos ou modificados.	*Além dos critérios de proficiência*: O aluno busca ativamente novos ambientes e situações para aplicar teorias, princípios e/ou habilidades. O aluno fornece múltiplos exemplos de como teoria, princípio ou habilidade podem ser aplicados.
Análise O aluno subdivide material e/ou habilidade em suas partes componentes para que sua estrutura possa ser compreendida.	Aluno não demonstra clara compreensão das regras, definições, leis, conceitos, teorias e princípios do assunto ou habilidade em estudo. Análise não inclui diagramas, modelos, descrição cronológica, ilustrações ou progressão pormenorizada do objeto/princípio/problema em estudo. Aluno não identifica relações de causa e efeito.	O aluno demonstra clara compreensão das regras, definições, leis, conceitos, teorias e princípios do assunto ou habilidade em estudo. A análise inclui diagramas, modelos, descrição cronológica, ilustrações ou progressão pormenorizada do objeto/princípio/problema em estudo. O aluno é capaz de identificar relações entre idéias, conjuntos de dados e fenômenos.	*Além dos critérios de proficiência*: O aluno usa sua análise para ensinar definições, leis, conceitos, teorias e princípios em estudo. O aluno e/ou a platéia é capaz de fazer distinção entre definições, leis, conceitos, teorias e princípios. O aluno é capaz de fazer distinção entre correlação e causa e efeito.

Continua...

EXEMPLOS DE ROTEIROS
PENSAMENTO CRÍTICO (continuação)

CRITÉRIOS	INSATISFATÓRIO Abaixo dos padrões de desempenho	PROFICIENTE Critérios aceitáveis	AVANÇADO Demonstra desempenho exemplar
Avaliação O aluno julga a qualidade (baseada tanto em padrões subjetivos como objetivos) do material, objeto ou desempenho.	O aluno não demonstra compreensão dos critérios utilizados para avaliação. O aluno não defende sua avaliação (análise crítica). A avaliação não é apoiada por referência a padrões. A avaliação não inclui comparação e contraste com outras idéias/objetos/materiais.	O aluno demonstra compreensão dos critérios utilizados para avaliação. O aluno é capaz de defender sua avaliação (análise crítica). A avaliação é apoiada por referência a padrões. A avaliação inclui comparação e contraste com outras idéias/objetos/materiais.	*Além dos critérios de proficiência:* A avaliação inclui referências (comparação, contraste) a três ou mais objetos/idéias/materiais. O aluno desenvolve critérios claramente definidos (por exemplo: roteiro, padrões, diretrizes) para avaliação.
Síntese O aluno combina mais do que um objeto ou idéia e forma um todo novo e coeso.	A síntese não integra idéias, imagens e/ou objetos para formar um todo coeso. O aluno não resume seu pensamento durante o processo de síntese. A combinação de elementos não é lógica e/ou verificável.	A síntese integra idéias, imagens e/ou objetos para formar um todo coeso. O aluno é capaz de resumir seu pensamento durante o processo de síntese. A combinação de elementos é lógica e justificada.	*Além dos critérios de proficiência:* A síntese é incomparável. A síntese demonstra cuidadoso planejamento e atenção à forma como elementos díspares se encaixam. O aluno é capaz de criar nova síntese com base na mudança de circunstâncias, informações ou ambiente. A combinação de elementos é verificada.

"Pensamento crítico" é adaptado de materiais fornecidos pela Napa New Technology High School, Napa, Califórnia, 2001-2002.

EXEMPLOS DE ROTEIROS
COOPERAÇÃO ENTRE COLEGAS E TRABALHO EM EQUIPE

CRITÉRIOS	PESO	INSATISFATÓRIO	PROFICIENTE	AVANÇADO
Liderança e iniciativa	25%	O membro do grupo desempenhou papel passivo, gerando poucas idéias novas; inclinava-se a fazer apenas o que lhe diziam para fazer ou não buscou ajuda quando necessário.	O membro do grupo desempenhou papel ativo na geração de novas idéias, tomou a iniciativa para organizar e concluir as tarefas e buscou ajuda quando necessário.	*Além dos critérios de proficiência*: O membro do grupo proporcionou liderança ao grupo organizando e dividindo criteriosamente as tarefas, verificando o progresso ou focando e direcionando o projeto.
Facilitação e apoio	25%	O membro do grupo pareceu incapaz ou indisposto a ajudar os outros, fez críticas não-construtivas ao projeto ou a outros membros do grupo, ou distraiu outros membros.	O membro do grupo mostrou-se disposto a ajudar os outros membros quando solicitado, ouviu atentamente as idéias dos outros e ajudou a criar um ambiente de trabalho favorável.	*Além dos critérios de proficiência*: O membro do grupo verificou diligentemente como cada participante estava progredindo e como ele poderia ajudar.
Contribuições e ética de trabalho	50%	O membro do grupo muitas vezes não participava do trabalho, não cumpria tarefas ou obrigações, ou tinha problemas de freqüência que significativamente prejudicavam o progresso do projeto. Pode ter trabalhado arduamente, mas em partes relativamente pouco importantes do projeto.	O membro do grupo estava preparado para trabalhar todos os dias, concluía tarefas/obrigações dentro do prazo e trabalhou arduamente no projeto na maior parte do tempo. Se ausente, outros membros do grupo sabiam o motivo, e o progresso não foi significativamente prejudicado.	*Além dos critérios de proficiência*: O membro do grupo compensou o trabalho que outros deixaram de fazer e mostrou-se disposto a dedicar tempo significativo fora do horário de aula/escola para concluir o projeto.

"Cooperação entre colegas e trabalho em equipe" é adaptado de materiais fornecidos pela Napa New Technology High School, Napa, Califórnia, 2001-2002.

CRIANDO ROTEIROS
CRIANDO UM ROTEIRO PARA ACESSAR INFORMAÇÕES

1. Use os seguintes elementos para um roteiro de *Acesso a informações*:

	LIMITADO	EM DESENVOLVIMENTO	PROFICIENTE	AVANÇADO	EXEMPLAR
Demonstra uma abordagem estratégica quando acessa informações.					
Acessa diversas fontes de informação.					
Busca diversas perspectivas.					
Usa sistemas e tecnologia de recuperação de informações.					
Faz perguntas adequadas sobre acesso a informações.					
Busca auxílio quando necessário.					

2. Acrescente descritores que indiquem o que os alunos fazem ao desenvolver a capacidade necessária de acessar informações para executar o projeto. Eis um exemplo de critérios para o primeiro elemento do roteiro:

	LIMITADO	EM DESENVOLVIMENTO	PROFICIENTE	AVANÇADO	EXEMPLAR
Demonstra uma abordagem estratégica quando acessa informações.	Busca informações aleatoriamente ou não tem uma estratégia de busca explícita.		Evidencia uma abordagem estratégica e descreve um plano explícito.		É capaz de explicar e demonstrar uma estratégia de busca explícita e abrangente adequada para a questão abordada.

"Criando um roteiro para acessar informações" é uma adaptação de materiais fornecidos pela Sir Francis Drake High School, San Anselmo, Califórnia, e pelo Tamalpais Union High School District, Larkspur, Califórnia.

CRIANDO ROTEIROS
CRIANDO UM ROTEIRO PARA SELECIONAR INFORMAÇÕES

1. Use os seguintes elementos para um roteiro de *Seleção de informações*:

	LIMITADO	EM DESENVOLVIMENTO	PROFICIENTE	AVANÇADO	EXEMPLAR
Busca fontes-chave com eficiência.					
Concentra-se em fontes-chave.					
Seleciona idéias-chave das fontes.					
Registra informações com eficiência.					
Organiza e rotula informações selecionadas.					
Esclarece informações quando necessário.					

2. Acrescente descritores que indiquem o que os alunos fazem ao desenvolver a capacidade necessária de selecionar informações para executar o projeto. Eis um exemplo de critérios para o primeiro elemento do roteiro:

	LIMITADO	EM DESENVOLVIMENTO	PROFICIENTE	AVANÇADO	EXEMPLAR
Busca fontes-chave com eficiência	Não se concentra em fontes-chave, ou não é seletivo ao buscar informações.		Obtém informações relevantes a partir de fontes-chave e usa estratégias de leitura rápida com eficiência.		Obtém informações relevantes e abrangentes a partir de fontes-chave usando estratégias de busca e leitura rápidas (índice, palavras-chave).

"Criando um roteiro para selecionar informações" é uma adaptação de materiais fornecidos pela Sir Francis Drake High School, San Anselmo, Califórnia, e pelo Tamalpais Union High School District, Larkspur, Califórnia.

CRIANDO ROTEIROS
CRIANDO UM ROTEIRO PARA PROCESSAR INFORMAÇÕES

1. Use os seguintes elementos para um roteiro de *Processamento de informações*:

	LIMITADO	EM DESENVOLVIMENTO	PROFICIENTE	AVANÇADO	EXEMPLAR
Estabelece relações entre idéias.					
Identifica e rotula informações e idéias-chave.					
Organiza dados e idéias.					
Rotula e categoriza anotações.					
Interpreta informações.					
Resume informações.					

2. Acrescente descritores que indiquem o que os alunos fazem ao desenvolver a capacidade necessária de processar informações para executar o projeto. Eis um exemplo de critérios para o primeiro elemento do roteiro:

	LIMITADO	EM DESENVOLVIMENTO	PROFICIENTE	AVANÇADO	EXEMPLAR
Estabelece relações entre idéias.	Lê e registra informações textualmente. Não comenta sobre as relações entre as idéias.		As anotações e os resumos demonstram interconexões entre idéias dentro de uma única fonte.		As anotações e os resumos contêm observações criteriosas sobre a relação entre idéias de múltiplas fontes.

"*Criando um roteiro para processar informações*" *é uma adaptação de materiais fornecidos pela Sir Francis Drake High School, San Anselmo, Califórnia, e pelo Tamalpais Union High School District, Larkspur, Califórnia.*

CRIANDO ROTEIROS
CRIANDO UM ROTEIRO PARA COMPOR UMA APRESENTAÇÃO

1. Use os seguintes elementos para um roteiro de *Composição de uma apresentação:*

	LIMITADO	EM DESENVOLVIMENTO	PROFICIENTE	AVANÇADO	EXEMPLAR
Cria um argumento convincente e respeitável.					
Exibe criatividade na composição.					
Coloca as informações com suas próprias palavras.					
Desenvolve principais idéias e conceitos de organização.					
Oferece evidências suficientes para sustentar afirmações.					
Oferece exemplos e detalhes concretos.					

2. Acrescente descritores que indiquem o que os alunos fazem ao desenvolver a capacidade necessária de apresentação para executar o projeto. Eis um exemplo de critérios para o primeiro elemento do roteiro:

	LIMITADO	EM DESENVOLVIMENTO	PROFICIENTE	AVANÇADO	EXEMPLAR
Cria um argumento convincente e respeitável.	Fornece evidências inconsistentes para a sua posição.		Defende uma posição com base em evidências suficientes.		Constrói uma argumentação lógica e pormenorizada utilizando diversas informações e evidências persuasivas.

"Criando um roteiro para compor uma apresentação" é uma adaptação de materiais fornecidos pela Sir Francis Drake High School, San Anselmo, Califórnia, e pelo Tamalpais Union High School District, Larkspur, Califórnia.

CRIANDO ROTEIROS
CRIANDO UM ROTEIRO PARA FAZER UMA APRESENTAÇÃO

1. Use os seguintes elementos para um roteiro de *Execução de apresentação:*

	LIMITADO	EM DESENVOLVIMENTO	PROFICIENTE	AVANÇADO	EXEMPLAR
Usa recursos visuais com clareza e eficácia.					
Comunica e enfatiza pontos principais.					
A postura corporal indica segurança e autoridade.					
Faz contato visual consistente.					
Expõe claramente com volume adequado.					
Faz poucas pausas e evita uso de palavras redundantes					

2. Acrescente descritores que indiquem o que os alunos fazem ao desenvolver a capacidade necessária de fazer uma apresentação para executar o projeto. Eis um exemplo de critérios para o primeiro elemento do roteiro:

	LIMITADO	EM DESENVOLVIMENTO	PROFICIENTE	AVANÇADO	EXEMPLAR
Usa recursos visuais com clareza e eficácia.	Recursos visuais pouco vinculados à apresentação; não sustentam ou não esclarecem os principais pontos.		Os recursos visuais esclarecem e ilustram principais pontos.		Os recursos visuais altamente desenvolvidos e memoráveis esclarecem e ilustram principais pontos; o apresentador integra e gerencia recursos visuais com habilidade.

"Criando um roteiro para fazer uma apresentação" é uma adaptação de materiais fornecidos pela Sir Francis Drake High School, San Anselmo, Califórnia, e pelo Tamalpais Union High School District, Larkspur, Califórnia.

CRIANDO ROTEIROS
CRIANDO UM ROTEIRO PARA GESTÃO INDIVIDUAL DE TAREFAS

1. Use os seguintes elementos para um roteiro de *Gestão individual de tarefas:*

	LIMITADO	EM DESENVOLVIMENTO	PROFICIENTE	AVANÇADO	EXEMPLAR
Solicita e usa retorno (*feedback*).					
Estabelece objetivos adequados e realistas.					
Trabalha de maneira independente com mínima supervisão.					
Tem suficiente perseverança.					
Cumpre tarefas com cuidado e diligência.					
Cumpre prazos.					

2. Acrescente descritores que indiquem o que os alunos fazem ao desenvolverem a capacidade necessária de gerenciar tarefas para executar o projeto. Eis um exemplo de critérios para o primeiro elemento do roteiro:

	LIMITADO	EM DESENVOLVIMENTO	PROFICIENTE	AVANÇADO	EXEMPLAR
Solicita e usa retorno (*feedback*).	Não vê necessidade de retorno; não o solicita e nem o utiliza.		Usa retorno para melhorar o desempenho.		Busca retorno e usa informações para aperfeiçoar produtos ou desempenho.

"Criando um roteiro para gestão individual de tarefas" é uma adaptação de materiais fornecidos pela Sir Francis Drake High School, San Anselmo, Califórnia, e pelo Tamalpais Union High School District, Larkspur, Califórnia.

CRIANDO ROTEIROS
CRIANDO UM ROTEIRO PARA GESTÃO INDIVIDUAL DO TEMPO

1. Use os seguintes elementos para um roteiro de *Gestão individual do tempo*:

	LIMITADO	EM DESENVOLVIMENTO	PROFICIENTE	AVANÇADO	EXEMPLAR
Usa o tempo com eficiência.					
Estima o tempo com realismo.					
Estabelece um cronograma para executar o trabalho.					
Distribui o tempo para as tarefas de modo estratégico.					
Cumpre o cronograma.					
Conclui as tarefas em tempo oportuno.					

2. Acrescente descritores que indiquem o que os alunos fazem ao desenvolver a capacidade necessária de gerenciar o tempo para executar o projeto. Eis um exemplo de critérios para o primeiro elemento do roteiro:

	LIMITADO	EM DESENVOLVIMENTO	PROFICIENTE	AVANÇADO	EXEMPLAR
Usa o tempo com eficiência.	Não reconhece a realidade dos limites de tempo, ou não age de um modo que faça uso eficiente do tempo.		Usa tempo de modo eficiente e conclui o trabalho dentro dos prazos.		Prioriza tarefas, reconhece limites de tempo, estima tempo até a conclusão e evita distração para atender prazos e usar o tempo com eficiência.

"Criando um roteiro para gestão individual do tempo" é uma adaptação de materiais fornecidos pela Sir Francis Drake High School, San Anselmo, Califórnia, e pelo Tamalpais Union High School District, Larkspur, Califórnia.

CRIANDO ROTEIROS
CRIANDO UM ROTEIRO PARA GESTÃO DE TAREFAS E DE TEMPO EM GRUPO

1. Use os seguintes elementos para um roteiro de *Gestão de tarefas e tempo em grupo*:

	LIMITADO	EM DESENVOLVIMENTO	PROFICIENTE	AVANÇADO	EXEMPLAR
Monitora o progresso do grupo.					
Estabelece objetivos adequados e realistas.					
Desenvolve um plano para concluir o trabalho de grupo.					
Acompanha o uso dos materiais.					
Mantém o foco do grupo no que é importante.					
Aloca tempo de modo efetivo.					

2. Acrescente descritores que indiquem o que os alunos fazem ao desenvolver a capacidade necessária de gerenciar tarefas e tempo em grupo para executar o projeto. Eis um exemplo de critérios para o primeiro elemento do roteiro:

	LIMITADO	EM DESENVOLVIMENTO	PROFICIENTE	AVANÇADO	EXEMPLAR
Monitora o progresso do grupo.	O grupo não procura monitorar seu progresso ou não o faz quando solicitado.		O grupo monitora e avalia o progresso quando necessário		O grupo regularmente monitora e avalia o progresso de membros individuais e do grupo como um todo, usando discussão estruturada.

"Criando um roteiro para gestão de tarefas e tempo em grupo" é uma adaptação de materiais fornecidos pela Sir Francis Drake High School, San Anselmo, Califórnia, pelo Tamalpais Union High School District, Larkspur, Califórnia, e pelo Northwest Regional Educational Laboratory, Portland, Oregon.

CRIANDO ROTEIROS
CRIANDO UM ROTEIRO PARA PROCESSO DE GRUPO

1. Use os seguintes elementos para um roteiro de *Processo de grupo*:

	LIMITADO	EM DESENVOLVIMENTO	PROFICIENTE	AVANÇADO	EXEMPLAR
Os membros do grupo facilitam a participação uns dos outros.					
Todos os membros do grupo participam do trabalho do projeto.					
O trabalho é distribuído e concluído.					
O grupo se relaciona bem com outros grupos.					
O grupo usa efetivamente as qualidades dos membros.					
Os membros do grupo resolvem conflitos com êxito.					

2. Acrescente descritores que indiquem o que os alunos fazem ao desenvolver a capacidade necessária de trabalhar em grupo para executar o projeto. Eis um exemplo de critérios para o primeiro elemento do roteiro:

	LIMITADO	EM DESENVOLVIMENTO	PROFICIENTE	AVANÇADO	EXEMPLAR
Os membros do grupo facilitam a participação uns dos outros.	Os membros demonstram pouco interesse nas contribuições dos outros, interrompendo-os com freqüência.		Os membros incentivam todos a contribuir plenamente.		Os membros com freqüência incentivam outros membros a compartilhar suas idéias, ouvem atentamente e lidam bem com comportamentos indisciplinados.

"Criando um roteiro para processo de grupo" é uma adaptação de materiais fornecidos pela Sir Francis Drake High School, San Anselmo, Califórnia, pelo Tamalpais Union High School District, Larkspur, Califórnia, e pelo Northwest Regional Educational Laboratory, Portland, Oregon.

OUTROS FORMULÁRIOS ÚTEIS
PLANILHA DE NOTAS DO PROJETO

Total possível de pontos em todas as avaliações do projeto

	AVALIAÇÃO	DATA	PERCENTUAL DA NOTA	PONTOS POSSÍVEIS	PONTOS OBTIDOS
Observação do professor	Observação #1				
	Observação #2				
	Observação #3				
Testes	Teste #1				
	Teste #2				
	Teste #3				
Produtos	Produto #1				
	Produto #2				
	Produto #3				
Auto-avaliação do aluno	Auto-avaliação #1				
	Auto-avaliação #2				
	Auto-avaliação #3				
Desempenhos	Desempenho #1				
	Desempenho #2				
	Desempenho #3				
Outros					

OUTROS FORMULÁRIOS ÚTEIS
ROTEIRO VAZIO

Título do roteiro

CRITÉRIO	LIMITADO	EM DESENVOLVIMENTO	PROFICIENTE	AVANÇADO	EXEMPLAR

COMECE
COM O FIM
EM MENTE

FORMULE
A QUESTÃO
ORIENTADORA

PLANEJE A
AVALIAÇÃO

**MAPEIE O
PROJETO**

Criação e
planejamento
de projetos
de sucesso

GERENCIE O
PROCESSO

Sumário

PASSOS FUNDAMENTAIS   101

1   ORGANIZE TAREFAS E ATIVIDADES   101
2   DECIDA COMO LANÇAR O PROJETO   102
3   REÚNA RECURSOS   103
4   ELABORE UM ROTEIRO VISUAL   104

BANCO DE IDÉIAS

Atividades e tarefas do projeto   106
Exemplos de atividades em projetos   107
Idéias de sustentação   108
Exemplo de documento de lançamento   110
Formulário de recursos para o projeto   111

MAPEIE O PROJETO

Analisar as necessidades de ensino, planejar as atividades, estimar o tempo e preparar os recursos são tarefas fundamentais em um projeto. Esta seção destaca essas tarefas – e mostra como ser bem-sucedido no planejamento de um projeto.

Construir um plano de aula é um exercício familiar para professores. Um mapa de projeto é semelhante a um plano de aula, mas ele reflete a natureza extensa dos projetos e a necessidade de *estruturá-los*. Um mapa de projeto bem elaborado pode incluir mais do que uma seqüência de atividades; ele visa apoiar e direcionar os alunos durante a criação de produtos no projeto. Um mapa ajuda a identificar as habilidades necessárias que seus alunos precisam ter, a desenvolver um cronograma para o projeto e reunir recursos que sustentem as atividades de aprendizagem críticas do projeto.

PASSOS FUNDAMENTAIS

1 Organize tarefas e atividades

Subdividir os produtos do projeto em um conjunto de tarefas não é apenas essencial para um sólido planejamento da avaliação, mas também ajuda a alocar a quantidade certa de tempo para cada tarefa. Cabe a você decidir o grau de detalhamento que deseja na análise das tarefas de um projeto, mas é útil descrevê-las com suficiente especificidade para identificar os recursos que você pode precisar reunir para os alunos.

Antes de um projeto, analise os produtos necessários, e depois examine seus alunos. Eles sabem o suficiente para fazer as tarefas no projeto? Por exemplo, o projeto inclui uma exposição e uma apresentação oral – os alunos receberam orientação e praticaram apresentações orais? Eles sabem fazer uma entrevista? Pesquisa na internet? Enquanto você não puder responder esse tipo de pergunta afirmativamente, talvez seja melhor não iniciar o projeto. Em vez disso, prepare os alunos fazendo-os praticar habilidades fundamentais ou aprender informações essenciais. No final, isso economizará tempo e aumentará as chances de concluir o projeto com êxito.

*Atividade de apoio** é o termo educacional para a construção do conhecimento e das habilidades que os alunos precisam para executar uma nova tarefa. Observe que isso não é um argumento para adiar um projeto até o fim do ano letivo. Os projetos fazem os alunos passarem por conteúdos difíceis e, às vezes, é melhor fazê-los aprender por esse processo do que por instrução direta.

A seguir, apresentamos um exemplo no qual se utiliza uma seção dos formulários de planejamento do projeto do BIE para ilustrar como um produto – um plano de negócio simulado – poderia ser subdividido em uma série de tarefas em um projeto do tipo "Abra seu próprio negócio". O quadro inclui as habilidades e os conhecimentos que precisam ser adquiridos antes do projeto.

*N. de R.T.
Scaffolding, no original, refere-se às estratégias de ensino planejadas para dar suporte adequado aos alunos na construção do conhecimento e das habilidades.

Formulário de planejamento do projeto

Observe um dos principais produtos do projeto e analise as tarefas necessárias para produzir um produto de alta qualidade. O que os alunos precisam saber e ser capazes de fazer para completar as tarefas com êxito? Como e quando eles vão adquirir os conhecimentos e as habilidades necessários? Complete para os principais produtos do projeto.

Produto: *PLANO DE NEGÓCIO SIMULADO*

CONHECIMENTOS E HABILIDADES NECESSÁRIOS	JÁ APRENDIDO	ENSINADO ANTES DO PROJETO	ENSINADO DURANTE O PROJETO
1. *Conhecer o formato do Plano de Negócio*			✓
2. *Ter habilidades de entrevista*		✓	
3. *Saber editar*	✓		
4. *Conhecer Excel*		✓	
5. *Saber planejar um orçamento*			✓
6. *Calcular lucros e perdas*			✓
7. *Calcular juros sobre empréstimos*			✓

2 Decida como lançar o projeto

Na Aprendizagem Baseada em Projetos, os projetos começam de muitas formas diferentes. Um debate da classe, um passeio de campo, um artigo, um palestrante convidado, uma atividade – tudo isso pode ser usado para provocar reflexão e envolver os alunos no projeto. Esses podem ser considerados *eventos de lançamento* para um projeto.

Projetos baseados em problemas muitas vezes utilizam um *documento de lançamento*. Esse visa construir um cenário que descreve o problema ou questão, define os papéis e as tarefas dos alunos e estipula as expectativas para um trabalho bem-sucedido no projeto. Um projeto que gera reflexão desde o início produz entusiasmo e interesse. No **Banco de Idéias** desta seção se encontra um exemplo de documento de lançamento retirado dos materiais de Economia Baseada em Problemas do BIE, que mostra como o documento pode ser escrito.

Quer você use ou não um evento ou documento para lançar o projeto, o objetivo essencial é começar a ajudar os alunos a entender rapidamente o escopo do projeto, os produtos que serão necessários e as avaliações que ocorrerão.

3 Reúna recursos

Professores são peritos na reunião de recursos. Mas os projetos consomem muito tempo e exigem constante conversação com os alunos. É aconselhável fazer um planejamento: preparar uma lista de *sites* da internet para pesquisa, copiar formulários do projeto, fazer reserva no laboratório de informática, recrutar um grupo de adultos para assistir à apresentação final, ou realizar as várias outras tarefas necessárias para um bom gerenciamento de projeto. Há uma lista de recursos no **Banco de Idéias**.

Os recursos incluem informações (livros, pessoas, *sites* da internet), suprimentos necessários para completar os produtos do projeto (cadernos, papelões, murais) e instrumentos tecnológicos (computadores, câmeras, impressoras) úteis para executar as tarefas. Eles podem já estar disponíveis e ser incorporados ao projeto, ou podem precisar ser localizados, coletados, encomendados ou adquiridos.

Algumas discas sobre recursos:

- **Recursos quase sempre exigem alguma preparação ou treinamento.** Alocar tempo dentro das atividades do projeto para que os alunos aprendam a usar os recursos produtivamente é parte essencial do planejamento.
- **Recursos tecnológicos podem ser uma faca de dois gumes.** Eles podem expandir significativamente a força de um projeto em muitos aspectos e contribuir para a motivação dos alunos para participar. Ao mesmo tempo, recursos tecnológicos podem retardar a evolução de um projeto, sobrecarregar professores e alunos, distrair os alunos do conteúdo central a ser aprendido ou transferir a ênfase do projeto do aprendizado do conteúdo para a gestão da tecnologia. A ênfase à tecnologia em lugar do conteúdo pode consumir tempo, causar "furor" em detrimento da aprendizagem profunda e mascarar o fato de que os alunos não trabalharam o suficiente para resolver o problema ou abordar as questões levantadas pela Questão Orientadora.

EVITE AS ARMADILHAS

Não use a tecnologia só porque ela está disponível ou é divertida. Ferramentas tecnológicas podem complementar a ABP, mas raramente devem ser o foco central do projeto. Use a tecnologia como ferramenta de aprendizagem.

Cuidado com a divisão de tarefas entre os alunos. Quando existem idéias centrais que todos precisam compreender ou habilidades críticas que todos devem adquirir, a divisão de trabalho pode produzir aprendizagem e comprometimento diferenciais com a tarefa. Estruture o trabalho do grupo de um modo que todos os alunos aprendam conceitos essenciais.

Não permita que a atividade guie o conteúdo de ensino. Permita que o conteúdo de ensino guie a atividade. Pode ser tentador dispor de uma idéia de atividade interessante e depois tentar forçar a introdução de conteúdo do programa de ensino. Contudo, é muito melhor partir do conteúdo, ou seja, de idéias poderosas centrais ou conceitos complexos, e depois planejar as atividades em torno desse conteúdo de modo que o desafio associado ao projeto esteja em descobrir e usar princípios do assunto.

- **Os recursos devem ser selecionados a fim de aumentar a força de um projeto.** Embora os alunos costumem gostar de usar recursos – principalmente recursos tecnológicos –, nem todos os recursos promovem a aprendizagem. Os recursos são mais eficientes para sustentar o trabalho quando aumentam a eficiência das tarefas do projeto, aumentam as informações disponíveis aos alunos, ou permitem que eles investiguem conceitos ou princípios críticos de modo mais completo, significativo ou realista.

4 Elabore um roteiro visual

Depois de definir as principais atividades envolvidas no projeto, esboce-o em um formato visual como, por exemplo, um diagrama, um fluxograma ou um roteiro visual (*storyboard*). Elabore um cronograma e identifique as principais tarefas e marcos, bem como outras atividades importantes como as seguintes:

- Lançamento do projeto
- Seqüência de atividades
- Preparação de rascunhos, ensaios, práticas, protótipos, etc.
- Aulas de apoio
- Prazos para apresentação de esboços ou ensaios
- Prazos para apresentação de produtos
- Provas
- Atividades extraclasse
- Reflexão e revisão

A seguir, apresentamos um exemplo de um roteiro visual para um projeto multimídia sobre história dos Estados Unidos, de quatro semanas de duração para alunos de sétima série, intitulado "Getting away with murder" (Ficar impune).

Mapeie o projeto

Elabore um roteiro visual para este projeto. Inclua um cronograma, as principais atividades e os principais marcos.

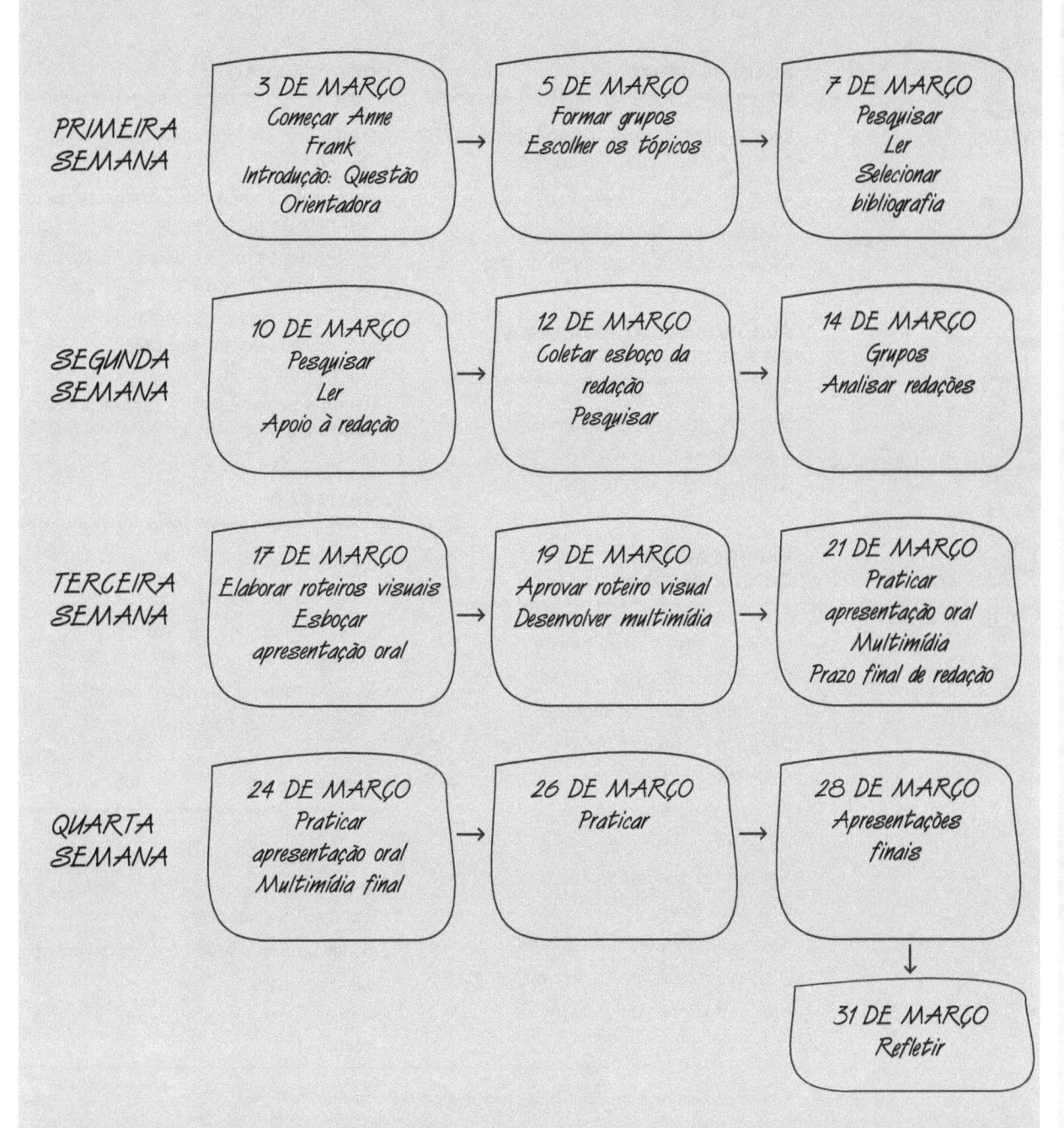

PRIMEIRA SEMANA
- 3 DE MARÇO: Começar Anne Frank / Introdução: Questão Orientadora
- → 5 DE MARÇO: Formar grupos / Escolher os tópicos
- → 7 DE MARÇO: Pesquisar / Ler / Selecionar bibliografia

SEGUNDA SEMANA
- 10 DE MARÇO: Pesquisar / Ler / Apoio à redação
- → 12 DE MARÇO: Coletar esboço da redação / Pesquisar
- → 14 DE MARÇO: Grupos / Analisar redações

TERCEIRA SEMANA
- 17 DE MARÇO: Elaborar roteiros visuais / Esboçar apresentação oral
- → 19 DE MARÇO: Aprovar roteiro visual / Desenvolver multimídia
- → 21 DE MARÇO: Praticar apresentação oral / Multimídia / Prazo final de redação

QUARTA SEMANA
- 24 DE MARÇO: Praticar apresentação oral / Multimídia final
- → 26 DE MARÇO: Praticar
- → 28 DE MARÇO: Apresentações finais
- ↓ 31 DE MARÇO: Refletir

Liste os recursos que serão necessários para o projeto:

Laboratório de informática – 17 a 24 de março
Sala de uso geral – 28 de março

BANCO DE IDÉIAS
MAPEIE O PROJETO

ATIVIDADES E TAREFAS DO PROJETO

As atividades precisam ser subdivididas em uma série de tarefas. Eis algumas idéias sobre como atividades importantes em seu projeto podem ser organizadas por tarefas.

PLANEJAMENTO

Desenvolver quadros, cronogramas e fluxogramas para as tarefas
Criar um mapa conceitual
Desenvolver uma planta
Desenvolver um resumo do projeto

SUBDIVISÃO DO PROBLEMA EM PARTES

Desenvolver uma taxonomia
Desenvolver um modelo formal
Acompanhar um especialista

EXPANSÃO DO CONHECIMENTO

Realizar entrevistas formais
Realizar um debate ou mesa redonda
Realizar um diálogo socrático
Desenvolver/aplicar questionários
Ouvir especialistas
Submeter a treinamento ou estágio
Realizar um grupo focal
Realizar um estudo de caso
Criar uma teoria
Realizar "tempestade de idéias"
Buscar soluções pelo uso de analogias
Buscar soluções pelo exame de problemas semelhantes

COORDENAÇÃO

Resolver um conflito entre pessoas ou grupos
Conduzir uma reunião utilizando regras formais de organização
Instituir "depósitos de idéias", "caixas de entrada" e "listas de coisas a fazer"
Instituir métodos de "quebra-cabeça" para promover aprendizagem colaborativa
Criar uma base de dados para organizar informações

AVALIAÇÃO

Construir roteiros
Realizar uma análise de custo/benefício
Analisar um produto de acordo com padrões do mundo real
Utilizar critérios para avaliar propostas, produtos ou idéias

COMUNICAÇÃO

Defender uma posição
Apresentar
Descrever um acontecimento
Ensinar uma habilidade a um principiante
Criar diagramas
Modificar uma apresentação para outras platéias

Os exemplos nas páginas 106-109 são adaptados do trabalho de John Thomas.

EXEMPLOS DE ATIVIDADES EM PROJETOS

PESQUISA DESCRITIVA

Localização de informações
    Excursões de observação
    Especialistas de pesquisa
Coleta e organização de informações
    Observar
    Ler e fazer apontamentos
    Fazer levantamento de dados
    Entrevistar
    Fazer pesquisas com especialistas por correio eletrônico
    Categorizar as informações
    Organizar colagens de informações
    Realizar "tempestades de informações" – *factstorming* (por exemplo, usar um grande mural ou parede para registrar as informações produzidas)
    Classificar e rotular – procurar semelhanças e diferenças; procurar categorias abrangentes
Sintetização de informações
    Escrever parágrafos que relacionem informações (observações sobre observações)
    Criar ilustrações ou gráficos para novas informações
    Seqüenciar informações
    Rascunhar introduções e conclusões
    Organizar as partes em um relatório coeso
    Coletar, organizar e avaliar informações
    Interpretar trabalhos escritos
    Avaliar o trabalho de outras pessoas

TESTE DE HIPÓTESES

Coleta de dados
Geração de hipóteses
Experimentação – controle de variáveis
Experimentação – teste de produtos
Experimentação – comparação de produtos ou processos

ANÁLISE

Análise de perspectivas – mesas-redondas, seminários, debates
Análise de erro
Análise operacional
    Descobrir como algo funciona
    Aumentar a eficiência de um processo
Análise estrutural
    Investigar como funciona uma estrutura
Análise de características semânticas
    Mapear, por exemplo, palavras, conceitos, idéias centrais
Análise de custo/benefício
Comparação/classificação

DESENVOLVIMENTO

Resolução espacial de problemas
Mapeamento
Construção de modelo
Construção de simulação
Planejamento de produto que atenda especificações
Planejamento de processo que atenda especificações
Aperfeiçoamento de produto
Aperfeiçoamento de processo

COMPOSIÇÃO

Tomada de notas
Sintetização de informações categorizadas usando um novo sistema
Composição de rascunhos
Rascunho de parágrafos coesos baseados em sínteses de informação
Seqüência de parágrafos e idéias
Rascunho de introduções e conclusões

DIAGNÓSTICOS

Resolução de enigmas
Descoberta de causas, como, por exemplo, detecção médica ou diagnósticos clínicos

CONDUÇÃO DE RESOLUÇÃO DE PROBLEMAS

Interpretação de indicadores
Identificação de problemas
Definição de problemas
Busca de soluções
Geração de idéias
Experimentação de soluções
Avaliação de soluções

TOMADA DE DECISÕES

Aplicação de estratégias de tomada de decisão
Geração de critérios de decisão
Resolução de conflitos, negociação, conciliação
Testagem de idéias de solução
Resolução de dilemas morais, problemas relacionais

PESQUISA COM CONSTRUÇÃO DE MODELOS

Reconstrução de fatos – desempenhar papéis, encenar novamente
Construção de explicação, construção de teoria
Construção de padrão, por exemplo, por meio de observação
Atribuição de significado, por exemplo, estudos de caso clínicos, legais, literários, históricos

IDÉIAS DE SUSTENTAÇÃO

Modos de prover sustentação

INSTRUÇÃO DIRETA	FOLHETOS E FORMULÁRIOS	ORIENTAÇÕES
Palestras, apresentações	Listas de verificação	Indicadores, rótulos, sinais
Filmes com discussões	Moldes	Lista de passos, regras, papéis
Sessões de treinamento	Cronogramas	Exemplos escritos, amostras
Proposição de leituras com acompanhamento	Roteiros	Instruções orais
	Quadros	Organizadores de andamento
	Estruturas	Regras de ordem
	Descrições	Organizadores gráficos
	Modelos	

PRÁTICA ORIENTADA	EVENTOS DE RETORNO	TREINAMENTO DE AUTOGESTÃO
Ensaios	Estágios	Automonitoramento, reflexão
Testes-piloto	Tutoriais	Planejamento
Estágios	Oportunidades de reflexão	Estabelecimento de metas
Tutoriais	Avaliação de colegas	Auto-direção, auto-orientação
Sessões de treinamento	Experimentação simulada	Auto-reforço
Imagens	Discussão de avaliação	Auto-avaliação
Modelos		

IDÉIAS DE SUSTENTAÇÃO (continuação)

Sustentação para construir habilidades

PROCESSO DE GRUPO	TECNOLOGIA	MANEJO DO TEMPO	RESOLUÇÃO DE PROBLEMAS
Regras de ordem Descrições de papéis Orientação na capacidade de escuta Etapas na tomada de decisão Modelo de resolução de problemas	Fitas de instrução em áudio e vídeo Livros de ensino prático Transparências	Contratação Estimativa e registro de alocações de tempo Quadros de parede sobre o andamento Calendários de parede Leituras em aula e fora de aula	Técnicas de geração de idéias (por exemplo, regras de "tempestade de idéias") Formulários pré-impressos com etapas e dicas

TOMADA DE DECISÃO	PESQUISA	HABILIDADES DE COMUNICAÇÃO	ESCRITA TÉCNICA
Treinamento no uso de modelos de tomada de decisão Listas de conferência	Treinamento em técnicas específicas de pesquisa Formulários pré-impressos com estratégias e questões indicadas	Filmes sobre como realizar uma pesquisa por telefone Exercícios de desempenho de papéis para chamadas telefônicas	Formulários de orientação para escrita descritiva Cartões de aviso Exemplos a ser completados

ESCRITA PERSUASIVA	OPERAÇÕES COMPLEXAS	AUTO-AVALIAÇÃO	METACOGNIÇÃO
Organizadores de andamento Resumos Cartões de aviso Diga, depois escreva	Ensino recíproco (revezamento nos papéis de professor e de provimento de orientação e retorno)	Modelos de outros formulários de avaliação Listas de conferência	Aprendizagem com orientação Testemunhar em ambientes de grupo Dizer sem mostrar

EXEMPLO DE DOCUMENTO DE LANÇAMENTO

Escola de Ensino Médio da Cidade de Oak Grove
O Lar dos Linces
Diretor Stanley Campbell

PARA: Grêmio Estudantil, Escola de Ensino Médio da Cidade de Oak Grove
por Bart Stravinsky, presidente do Grêmio Estudantil
DE: Dr. Stanley Campbell, diretor da Escola de Ensino Médio da Cidade de Oak Grove
ASSUNTO: Área de alimentação no novo centro estudantil

Como vocês sabem, ontem à noite o Conselho Escolar decidiu por unanimidade que o Grêmio Estudantil pode escolher os restaurantes que vão funcionar na Área de Alimentação de nosso novo centro estudantil. Fizemos ampla divulgação em toda a cidade convidando os restaurantes a se candidatarem para ocupar um espaço na área de alimentação. Doze restaurantes se inscreveram. Infelizmente, dispomos de espaço para apenas cinco. O Conselho Escolar definiu os seguintes parâmetros como auxílio para decidir quais restaurantes devem ser aceitos para a área de alimentação.

1) Os restaurantes dividirão um percentual de seus lucros decorrentes da venda de refeições realizada na área de alimentação com o Grêmio Estudantil. O Grêmio Estudantil terá liberdade para gastar esse dinheiro da forma que julgar apropriada e em conformidade com as diretrizes definidas pela regulamentação do Grêmio Estudantil. Como essa receita é a única fonte de recursos que o Grêmio Estudantil dispõe em seu orçamento, sua tarefa será determinar que restaurantes gerarão mais lucros. Quanto maior a receita gerada na área de alimentação, mais clubes, atividades estudantis e eventos sociais serão possíveis de promover.

2) Todos os doze restaurantes concordaram em pagar 20% de seus lucros em troca do espaço na área de alimentação. Se o restaurante não tiver lucros, nenhuma quantia será paga ao Grêmio Estudantil. Quanto menos dinheiro o Grêmio arrecadar, mais será necessário cancelar eventos por ele patrocinados, ou cobrar por eles.

3) Não haverá taxa de instalação para os restaurantes, e cada um deles ocupará a mesma quantidade de espaço.

4) Vocês têm liberdade para usar os critérios que quiserem para escolher os cinco restaurantes que ocuparão nossa área de alimentação. Entretanto, não se esqueçam de que, como membros do Grêmio Estudantil, vocês são representantes de todos os interesses na escola. Vocês precisam levar em consideração as necessidades de todos os alunos ao escolher os restaurantes. Isso é especialmente importante porque temos um *campus* fechado, e os alunos terão que almoçar na área de alimentação.

5) O presidente de nosso Conselho é economista. Portanto, lembrem-se de que, qualquer que seja sua decisão, ela deve ter uma base econômica consistente.

6) Sua seleção terá vigor por quatro anos, pois cada restaurante escolhido assinará um contrato por esse período de tempo.

7) Vocês devem justificar suas escolhas ao Conselho Escolar em uma reunião dentro de uma semana.

8) O Conselho Escolar decidirá por votação acatar ou não a sua recomendação. Eles precisam chegar a um consenso sobre sua recomendação, o que significa que todos os integrantes do Conselho devem concordar que o plano é aceitável. O voto deles dependerá do quão convincente for a apresentação de vocês. Vocês devem ser capazes de justificar sua escolha de restaurantes por atenderem as necessidades dos alunos e por serem lucrativos. Caso o Conselho Escolar não aceite sua proposta e justificativa, vocês deverão retornar na semana seguinte com uma nova proposta. Sua apresentação visual, com cartazes e gráficos, deve ser feita ao secretário do Conselho dois dias antes da reunião para que seja incluída na pauta de discussões.

FORMULÁRIO DE RECURSOS PARA O PROJETO

PROJETO   **ALUNO(S):**   **DATA:**

Sites na internet
Livros/outras fontes
Materiais de instrução
Outras tecnologias
Voluntários da comunidade e pais

FORMULÁRIO DE RECURSOS PARA O PROJETO (continuação)

| PROJETO | ALUNO(S): | DATA: |

Orientadores

Organizações/programas/lugares

Pessoas

Consultores/especialistas

Grupos comerciais e comunitários

**COMECE
COM O FIM
EM MENTE**

**FORMULE
A QUESTÃO
ORIENTADORA**

Criação e
planejamento
de projetos
de sucesso

**PLANEJE A
AVALIAÇÃO**

**MAPEIE O
PROJETO**

**GERENCIE O
PROCESSO**

Sumário

ANTECIPAÇÃO DO SEU PAPEL 115

PASSOS FUNDAMENTAIS 116

1. COMPARTILHE OS OBJETIVOS DO PROJETO COM OS ALUNOS 116
   Refinando os projetos com os alunos 116
2. USE FERRAMENTAS DE RESOLUÇÃO DE PROBLEMAS 117
3. USE PONTOS DE VERIFICAÇÃO E DE REFERÊNCIA 117
4. PLANEJE A AVALIAÇÃO E A REFLEXÃO 118
   Avaliação final 118
   Comemoração 119

BANCO DE IDÉIAS

PLANEJAMENTO
Exemplo de carta aos pais 120
Protocolo de "sintonização" 121

FERRAMENTAS DE IMPLANTAÇÃO
Planilha de planejamento semanal do aluno 122
Resumo de planejamento do aluno 123
Diário de aprendizagem do aluno 125
Resumo da investigação do aluno 126
Resumo de produto do aluno 127
Resumo de apresentação do aluno 129
Diário de pesquisa 131
Marcos do projeto 132
Relatório de andamento após uma investigação 133

GRUPOS
Estratégias de formação de grupos 135
Lista de verificação para observação do grupo 136
Auto-avaliação da contribuição do grupo 137
Diário de aprendizagem do grupo 138

AVALIAÇÃO E REFLEXÃO
O método do "aquário" 139
Auto-avaliação ao fim do projeto 140

GERENCIE O PROCESSO

Como professor de ABP, você pode gerenciar com sucesso o processo de aprendizagem utilizando ferramentas e estratégias que dêem estrutura e possibilidade de aprendizagem bem-sucedida ao processo. Esta seção oferece recomendações específicas para gerenciar e avaliar um projeto.

É preciso experiência com projetos para dominar as habilidades de liderança de projeto. Nesta seção, diretrizes para gerenciá-lo com êxito são acompanhadas de formulários no **Banco de Idéias** que fornece auxílio específico para agrupar e gerenciar os alunos. A seção seguinte, **O que os professores de ABP dizem?**, apresenta recomendações práticas para gerenciar projetos.

ANTECIPAÇÃO DO SEU PAPEL

Prever os diversos papéis que você vai desempenhar como administrador do projeto é importante. Se você estiver trabalhando como membro de uma equipe, deve discutir esses papéis e tarefas com colegas. Além disso, discutir suas responsabilidades com os alunos no início do trabalho ajudará a esclarecer o que se espera do professor e dos alunos no projeto.

O que você terá que fazer para gerenciar um projeto com êxito? Eis uma lista de tarefas críticas de gerenciamento:

- **Oriente** os alunos para as metas do projeto, não apenas no início, mas também regularmente durante o seu andamento. Reforce continuamente as metas do projeto, muitas vezes referindo-se à Questão Orientadora, para manter os alunos focados e motivados. Em projetos mais longos, informe os alunos regularmente sobre seu progresso. Comunique as próximas etapas para ajudar os alunos a permanecer na tarefa, e lembre-os de que para aprender com profundidade é preciso tempo e paciência.
- **Agrupe** os alunos adequadamente. Ainda que a cooperação seja a marca característica da ABP, ela ocorre de diferentes maneiras. Os alunos podem trabalhar em pequenos grupos ou como um grupo inteiro. Eles podem trabalhar individualmente nos produtos e em equipe apenas nos roteiros ou nas apresentações. Além disso, os grupos podem mudar à medida que o projeto avança. Escolher o modo adequado de agrupamento faz parte do planejamento e do gerenciamento do projeto. Consulte o **Banco de Idéias** para sugestões úteis sobre agrupamento.
- **Organize** o projeto diariamente, definindo de forma contínua o escopo da investigação, as tarefas de estudo e os possíveis caminhos para resolver problemas ou responder à Questão Orientadora. Você é responsável pela fixação e pelo cumprimento de prazos, pela coleta de artefatos dos alunos durante o andamento do projeto e pela provisão do retorno necessário para manter os alunos encaminhados ao êxito na conclusão do projeto.
- **Esclareça** tudo. Projetos envolvem múltiplas tarefas e tomada de decisões, e os alunos fazem escolhas sobre como usar seu tempo e sua energia. Eles terão muitas perguntas sobre o que fazer depois ou o que é importante saber. Esteja preparado para dirigir os esforços deles com clareza.
- **Monitore e regule** o comportamento dos alunos. Projetos exigem que os alunos se movimentem na sala de aula, trabalhem de forma independente e às vezes saiam da área da escola para fazer pesquisa. Isso torna necessário que os professores treinem os alunos para trabalhar com menos supervisão, de modo efetivo, especialmente se eles estão acostumados a um papel mais passivo nas aulas. Os alunos precisam de limites de tempo, marcos, orientação para

gestão do tempo, auxílios como planilhas de metas diárias e prazos para aprender a gerenciar o tempo em que trabalham de forma independente. De modo semelhante, você pode ter que controlar o uso de recursos e suprimentos durante os projetos, até que os alunos sejam capazes de fazer isso sozinhos.
- **Gerencie** o fluxo de trabalho. Isso requer a habitual entrega dos trabalhos extraclasse ou de outras solicitações na data certa. Requer também acompanhar constantemente o andamento do projeto e verificar se os alunos estão indo na direção certa para concluir o trabalho com êxito. Atente para áreas de conteúdo em que os alunos se sentem deficientes ou para tarefas que se mostrem muito fáceis ou difíceis para a maioria deles. Se necessário, pare e use algum recurso momentâneo – uma aula rápida, um material impresso ou outra fonte usual de informações – para prover os alunos do conteúdo de que precisam para prosseguir.
- **Avalie** o sucesso do projeto e ajude os alunos a reconhecer o que foi aprendido – e o que não foi – como resultado do projeto.

PASSOS FUNDAMENTAIS

1 Compartilhe os objetivos do projeto com os alunos

Trabalhando juntos, alunos e professores podem criar muitos projetos bem-sucedidos. Mas você pode preferir desenvolver e apresentar o projeto a seus alunos. Nesse caso, uma das estratégias mais efetivas que você pode usar é compartilhar os objetivos e o contexto do projeto com os alunos o mais cedo possível. A pesquisa sobre objetivos indica que os jovens não precisam criar o projeto para se sentir motivados e ter um bom desempenho. Entretanto, os objetivos têm maior probabilidade de serem atingidos se forem relevantes e importantes na vida dos alunos. Se você planejou e esquematizou um projeto de valor, compartilhe sua visão com os alunos. Mostre-lhes como ele pode beneficiá-los, ou beneficiar a escola ou a comunidade. Tomar especial cuidado para relacionar os objetivos do projeto com o futuro dos alunos contribuirá muito para iniciar o projeto da maneira mais bem-sucedida possível.

Refinando os projetos com os alunos

Você pode ter um projeto bem planejado, mas os alunos podem aperfeiçoar o plano ou adaptá-lo a seus interesses. Isso pode ser feito por meio de um debate com toda a classe ou de uma atividade estruturada que ensine aos alunos habilidades de escuta e de planejamento vitais. Um método é o protocolo de "sintonização", ou protocolo de "amizades críticas",* que é um modo estruturado de discutir as diretrizes de um projeto desde o início ou de apresentar descobertas durante seu andamento. O protocolo utiliza pequenos grupos para discutir os projetos e receber retorno. Dois ou três pequenos grupos (de quatro ou cinco alunos cada um) podem ser reunidos em um protocolo de "sintonização". Consulte o **Banco de Idéias** para obter orientação sobre esse método.

---

*N. de R.T
Tuning protocol e *critical friends protocol*, respectivamente, no original. Trata-se de um protocolo desenvolvido na Coalizão de "Escolas Essenciais" (http://www.essentialschools.org/), e que constitui um procedimento para discussão de um produto ou questão, com etapas e tempos bem-definidos. Foi planejado de forma a não ser "ameaçador" para a pessoa que criou o produto ou propôs a questão. Três papéis são previstos para a sua aplicação: um facilitador, o apresentador (professor) e os grupos de discussão.

2 Use ferramentas de resolução de problemas

Parte do plano de gerenciamento de um projeto consiste em selecionar as ferramentas que ajudarão os alunos a focar o problema ou questão e em acompanhar seu pensamento à medida que eles se encaminham para soluções e explicações. A seguir, apresentamos uma lista de três ferramentas que podem ser utilizadas tanto para aprendizagem baseada em projetos quanto a baseada em problemas:

- Uma **lista do que se sabe/é preciso saber** é uma ótima forma de fazer com que os alunos compreendam os parâmetros de um problema ou projeto desde o início. Utilizando dois *flip charts*, ou duas colunas em um único *flip chart*, os alunos relacionam, em grupo, tudo o que sabem sobre o problema ou Questão Orientadora. A listagem é mais inclusiva do que excludente. Ou seja, os alunos são encorajados a listar todas as observações que puderem fazer sobre o tópico, mesmo que algumas pareçam óbvias. De modo semelhante, eles podem criar uma lista de tudo o que precisam saber para resolver o problema ou responder à questão. Assim, produzem-se duas listas: uma que mostra o que os alunos sabem e compreendem e outra que contém as investigações que devem ocorrer. À medida que as investigações são levadas a cabo e revelam mais informações sobre o problema, ambas as listas mudam com a adição ou eliminação dos itens.
- **Diários de aprendizagem** contêm registros dos alunos sobre o andamento de suas investigações. Eles servem para documentar o "como" de um projeto, incluindo as frustrações e os avanços do processo de resolução de problemas. Os diários de aprendizagem podem ser avaliados com notas e são uma ótima maneira de criar um artefato que documenta o processo de ABP.
- **Planejamento, investigação e resumos de produtos** concentram a atenção dos alunos no problema e os encorajam a ser persistentes em sua pesquisa. Eles também são uma ferramenta útil de gerenciamento da classe. Exemplos estão incluídos no **Banco de Idéias** desta seção.

3 Use pontos de verificação e de referência

Um sistema formal ou informal é necessário para monitorar o aprendizado dos alunos durante o andamento do projeto. O uso de um sistema de gerenciamento oferece um meio de dividir o projeto em componentes separados que permitam correções durante o andamento do projeto, assegurando que os resultados sejam alcançados. Existem diversos modos de fazer isso. A maioria envolve o uso de artefatos que fornecem um registro do andamento do projeto, tais como:

- Pedir aos líderes de grupo que forneçam relatórios sobre o progresso do grupo.
- Solicitar redações rápidas aos grupos ou a toda a classe.
- Entrevistar alunos escolhidos aleatoriamente ou selecionados.
- Levantar dados de indivíduos e grupos.
- Marcar sessões semanais de reflexão para grupos e/ou toda a classe.
- Analisar as listas de conferência do aluno ou da classe sobre as etapas concluídas.
- Examinar os diários de andamento elaborados por alunos ou grupos.

- Escrever seu próprio diário para o projeto.
- "Sentar-se" com os grupos para acompanhar o andamento.
- Realizar sessões de avaliação após conclusão de atividade ou produto.

O andamento do projeto pode ser focado em vários de seus aspectos, incluindo:

- Problemas para entender como levar a cabo as atividades do projeto.
- Realizações com relação ao progresso/marcos de referência dos alunos e grupos.
- Motivação/participação de alunos e grupos.
- Problemas/êxitos com determinadas atividades ou produtos.
- Realizações inesperadas.
- Novas estratégias criadas por alunos e grupos.
- Necessidades dos alunos de recursos específicos ou de apoio educativo.

4 Planeje a avaliação e a reflexão

Os alunos que têm oportunidade de discutir e refletir sobre suas experiências de aprendizagem e analisá-las têm mais chances de reter e usar suas habilidades e seus conhecimentos. Alocar tempo suficiente ao fim do projeto para uma discussão de análise dos resultados ajuda os alunos a fixar o que aprenderam e a usar isso em seu próximo projeto ou tarefa. É especialmente útil fazer com que os alunos voltem a discutir e continuem refletindo sobre a Questão Orientadora. O **Banco de Idéias** após esta seção fornece formulários de avaliação e de reflexão que os alunos podem usar para ajudá-los a reter o que aprenderam.

Os alunos que têm oportunidade de discutir, analisar e refletir sobre suas experiências de aprendizagem têm mais chances de reter e usar suas habilidades e seus conhecimentos.

Avaliação final

Uma avaliação final também encoraja os hábitos e as habilidades de reflexão e de análise – a capacidade de aprender a vida inteira é uma habilidade essencial no mundo do trabalho de hoje. As questões ou tópicos para discussão podem ser focados no conteúdo, assim como no processo e nos resultados para o projeto. Por exemplo:

- O que aprendemos?
- A colaboração funcionou?
- Que habilidades adquirimos?
- Que habilidades precisamos praticar?
- Qual foi a qualidade de nosso trabalho?
- Em que podemos melhorar?

Uma avaliação final do projeto pode ser feita individualmente ou em grupo. Como quer que ela seja feita, os resultados devem ser partilhados com os alunos. Para reforçar a aprendizagem, registre os comentários e as avaliações dos alunos em um *flip chart* ou em um quadro, e deixe as informações visíveis por aproximadamente uma semana. Eis quatro métodos que funcionam bem para uma avaliação final:

- **Sessão de avaliação da classe inteira.** Este método ressalta a importância da reflexão para os alunos e forma uma noção de padrões comuns e objetivos de aprendizagem na sala de aula. O uso de um aluno facilitador, juntamente com um conjunto de questões para guiar a discussão, reforça as habilidades de escuta ativa, colaboração, apresentação e avaliação crítica.
- **Método do "Aquário".** Pode-se usar uma variação da discussão da classe inteira na qual pequenos grupos, no centro da sala de aula, descrevem o que foi feito até então e o restante dos alunos atua como platéia, podendo ocasionalmente participar da discussão. Consulte o **Banco de Idéias** para instruções sobre este método.
- **Levantamento de dados.** Pesquisas simples podem ser construídas para dar aos alunos a oportunidade de comentar sobre o projeto. Como em qualquer levantamento de dados, os resultados são mais poderosos se compartilhados e interpretados com os entrevistados.
- **Auto-avaliação.** Isso se aplica a alunos e a professores. Os professores podem querer refletir formalmente sobre o processo e os resultados do projeto. Os alunos também devem ter a oportunidade de refletir sobre seu aprendizado e seu progresso individual. O **Banco de Idéias** contém exemplos de formulários para esta finalidade.

Comemoração

Além de avaliar e refletir ao final de um projeto, lembre-se de comemorar. Quando os alunos investirem seu tempo e energia em um projeto bem-sucedido, especialmente um projeto importante, ajude-os a reconhecer o que foram capazes de realizar. Inclua os pais, os membros da comunidade, outros professores ou quaisquer outras pessoas envolvidas no projeto. Essa comemoração pode fazer parte do dia reservado para uma discussão de avaliação, ou ser planejada como um evento especial, como uma recepção, cerimônia ou entrega de prêmios.

BANCO DE IDÉIAS
GERENCIE O PROCESSO

PLANEJAMENTO
EXEMPLO DE CARTA AOS PAIS

Data

Prezados Pais,

Escrevo para informar sobre uma inovadora experiência de aprendizagem que estamos prestes a realizar com (*nome do professor, período e classe*). Seu filho ou filha vai participar de um projeto intitulado (*nome do projeto*). Trabalharemos nesse projeto por aproximadamente (*duração*) semanas.

A finalidade do projeto é (*finalidade do projeto*). Seu filho estará envolvido nas seguintes atividades: (*pesquisas na biblioteca, entrevistas com membros da comunidade, preparação de apresentação oral, uso da internet para se comunicar com alunos de outros países, etc.*).

Na conclusão do (*nome do projeto*), os alunos apresentarão ao público o que aprenderam. Essa apresentação ocorrerá em (*local*) e está marcada para o (*dia e hora*). Contamos com sua presença.

O trabalho em projetos exige mais recursos do que o ensino tradicional. Seria de grande ajuda se os pais pudessem contribuir com os seguintes itens: (*materiais artísticos, mapas da cidade, lanches, conhecimento especializado, etc.*).

Por favor, entre em contato comigo caso tenha dúvidas sobre o (*nome do projeto*). Meu número de telefone na escola é (*número*). O melhor horário para ligar é (*horário*). Meu endereço de correio eletrônico é (*e-mail*).

Atenciosamente,

(*nome do professor*)

Nota: Caso seja necessário pedir permissão aos pais, ela pode ser solicitada da seguinte maneira:

Autorizo meu filho

_____ a participar do (*nome do projeto*).

(*nome do aluno*)

_____   Data: _____

(*assinatura*)

A AUTORIZAÇÃO DOS PAIS É NECESSÁRIA PARA QUE SEU FILHO POSSA PARTICIPAR DO PROJETO.

POR FAVOR DEVOLVA A (*nome do professor*) **ATÉ** (*data*)

PLANEJAMENTO
PROTOCOLO DE "SINTONIZAÇÃO"

1. Escolha dois grupos de quatro a cinco alunos. Os grupos devem ser de alunos que tenham trabalhado juntos em um projeto ou em um aspecto de um projeto.

2. O Grupo A se apresenta, descrevendo visão, atividades do projeto e resultados. O Grupo B ouve sem responder nem questionar (*sete minutos*).

3. O Grupo B faz perguntas *de esclarecimento* (*quatro minutos*).

4. O Grupo B pausa para refletir sobre perguntas "quentes" e "frias" (quentes significam positivas, e frias significam críticas) a serem feitas (*dois minutos*).

5. O Grupo B discute o que ouviu *entre si,* oferecendo retorno caloroso. O Grupo A faz apontamentos e não responde (*quatro minutos*).

6. O Grupo B discute o que ouviu *entre si*, oferecendo retorno crítico (mas não cruel). O Grupo A faz apontamentos e não responde (*quatro minutos*).

7. O Grupo A responde e conversa livremente com o Grupo B (*quatro minutos*).

Esse método também pode ser usado com três grupos. Os grupos se alternam até que todos tenham apresentado e recebido um retorno. Os tempos podem ser ajustados de acordo com as necessidades dos grupos, mas todos os passos são importantes.

FERRAMENTAS DE IMPLANTAÇÃO
PLANILHA DE PLANEJAMENTO SEMANAL DO ALUNO

PROJETO: **ALUNO:** **DATA:**

Esta semana vou trabalhar nos seguintes produtos:

1.

Começar — Sozinho
Continuar — Com _____
Concluir — Com _____

2.

Começar — Sozinho
Continuar — Com _____
Concluir — Com _____

Esta semana vou realizar as seguintes investigações:

1.

Começar — Sozinho
Continuar — Com _____
Concluir — Com _____

2.

Começar — Sozinho
Continuar — Com _____
Concluir — Com _____

Reflexões do fim da semana: o que eu aprendi?

"Planilha de planejamento semanal do aluno" é uma adaptação de The Big Picture Company, The new urban high school: a practitionar's guide *(Providence, Rhode Island: United States Department of Education, 1998).*

FERRAMENTAS DE IMPLANTAÇÃO
RESUMO DE PLANEJAMENTO DO ALUNO

PROJETO: **ALUNO(S):** **DATA:**

O desafio geral que define o projeto é:		
Eu/nós pretendo/pretendemos investigar:		
Eu/nós preciso/precisamos concluir as seguintes atividades:		
O que eu/nós vou/vamos fazer?	*Como farei/faremos?*	*Data limite*

Continua...

FERRAMENTAS DE IMPLANTAÇÃO
RESUMO DE PLANEJAMENTO DO ALUNO (continuação)

Eu/nós preciso/precisamos dos seguintes recursos e apoio:

Ao final do projeto, eu/nós demonstrarei/demonstraremos aprendizagens:

O quê?	Como?	Quem e onde?

FERRAMENTAS DE IMPLANTAÇÃO
DIÁRIO DE APRENDIZAGEM DO ALUNO

PROJETO: **ALUNO:**   **DATA:**

Eu tinha os seguintes objetivos:

Realizei o seguinte:

Meus próximos passos serão:

Minhas preocupações / problemas / questões mais importantes são:

Aprendi:

"Diário de aprendizagem do aluno" é uma adaptação de materiais elaborados pela Autodesk Foundation e pela Sir Francis Drake High School.

FERRAMENTAS DE IMPLANTAÇÃO
RESUMO DA INVESTIGAÇÃO DO ALUNO

PROJETO: ALUNO(S):   DATA:

Questão(ões) que vou investigar:	
Os dados que vou colecionar:	O método de coleta de dados:
Quem fará....	O quê?
Como esta investigação levará o projeto para o passo seguinte?	

FERRAMENTAS DE IMPLANTAÇÃO
RESUMO DE PRODUTO DO ALUNO

PROJETO: **ALUNO(S):**   **DATA:**

Que produto eu/nós quero/queremos construir?

Que pesquisa eu/nós preciso/precisamos realizar?

Quais são as minhas/nossas responsabilidades para este produto?

Continua...

FERRAMENTAS DE IMPLANTAÇÃO
RESUMO DE PRODUTO DO ALUNO (continuação)

PROJETO: **ALUNO(S):** **DATA:**

Eu/nós espero/esperamos aprender o seguinte com o trabalho neste produto:

Eu/nós demonstrarei/demonstraremos que aprendemos por meio de:

Eu/nós concluirei/concluiremos o produto até:

FERRAMENTAS DE IMPLANTAÇÃO
RESUMO DE APRESENTAÇÃO DO ALUNO

PROJETO: **ALUNO(S):**   **DATA:**

O que a platéia vai aprender com minha apresentação?

(No caso de apresentação em grupo) Por qual parte sou responsável?

Meu plano para fazer uma apresentação bem-sucedida:

Continua...

FERRAMENTAS DE IMPLANTAÇÃO
RESUMO DE APRESENTAÇÃO DO ALUNO (continuação)

PROJETO: ALUNO(S):   DATA:

Eu espero aprender o seguinte ao fazer esta apresentação:

As habilidades específicas nas quais pretendo trabalhar são:

Preciso da seguinte tecnologia /equipamento para minha apresentação:

Preciso dos seguintes recursos visuais para minha apresentação:

FERRAMENTAS DE IMPLANTAÇÃO
DIÁRIO DE PESQUISA

PROJETO: **ALUNO:** **DATA:**

Fonte Registre citação completa	**Notas** Descreva o que você aprendeu

"*Diário de pesquisa*" é uma adaptação de The Big Picture Company, The new urban high school: a practitioner's guide (*Providence, Rhode Island: United States Department of Education, 1998*).

FERRAMENTAS DE IMPLANTAÇÃO
MARCOS DO PROJETO

PROJETO: **ALUNO:** **DATA:**

Indicador	Data de conclusão	Concluído
		☐
		☐
		☐
		☐
		☐
		☐
		☐
		☐
		☐
		☐
		☐
		☐
		☐
		☐
		☐
		☐
		☐
		☐
		☐
		☐
		☐
		☐
		☐
		☐

FERRAMENTAS DE IMPLANTAÇÃO
RELATÓRIO DE ANDAMENTO APÓS UMA INVESTIGAÇÃO

PROJETO: **ALUNO:**   **DATA:**

Investiguei:

Realizei os seguintes passos:

Descobri que:

Continua...

FERRAMENTAS DE IMPLANTAÇÃO
RELATÓRIO DE ANDAMENTO APÓS UMA INVESTIGAÇÃO
(continuação)

PROJETO: ALUNO: DATA:

Aprendi a fazer as seguintes coisas:

Como resultados de minha investigação, penso que deveríamos fazer as seguintes mudanças no projeto:

GRUPOS
ESTRATÉGIAS DE FORMAÇÃO DE GRUPOS

As decisões relativas à formação de grupos envolvem o tamanho do grupo, quem faz parte dele, os papéis atribuídos aos membros do grupo e as tarefas atribuídas aos próprios grupos.

As diferentes atividades do projeto prestam-se a diferentes esquemas de formação de grupos. Algumas atividades podem ser realizadas pelos alunos individualmente. Outras podem se prestar ao trabalho em duplas, em pequenos grupos ou para a classe como um todo. As decisões relativas à formação de grupos devem refletir a natureza da atividade e as metas de aprendizagem pretendidas. Por exemplo:

Considerações sobre o tamanho do grupo

TAMANHO DO GRUPO	MELHORES APLICAÇÕES
Indivíduos (alunos trabalhando sozinhos)	Aprendizagem (e ensino) de habilidades fundamentais Pesquisa na biblioteca ou na internet
Duplas	Provisão de retorno de um para um, modificação, avaliação do colega Provisão de apoio ou treinamento de um para um
Pequenos grupos	Trabalho em tarefas que possuem múltiplas dimensões ou etapas Compartilhamento de perspectivas ou chegada a consenso
Grupos de tamanho intermediário	Realização de discussões, debates, atividades de desempenho de papéis
Classe inteira	Apresentação de orientações, discussões de avaliação, checagem de progresso

O local das atividades do projeto também influencia o tamanho dos grupos. Em muitos projetos, cada atividade pode ter um local diferente. Por exemplo:

Possíveis locais do projeto

LOCAL	ÚTIL PARA
Sala de aula	Orientação, coordenação, trabalho de grupo, etc.
Casa	Geração de idéias, revisão de trabalho, leitura, apontamentos
Biblioteca	Pesquisa, leitura, uso de tecnologia
Outra sala de aula	Apresentação, obtenção de retorno, entrevista, coleta de dados
Comunidade	Coleta de dados, observação, entrevista, cooperação
Com orientador	Modelagem, obtenção de orientação, obtenção de retorno
Com parceiro eletrônico	Cooperação, compartilhamento de informações, obtenção de retorno

GRUPOS
LISTA DE VERIFICAÇÃO PARA OBSERVAÇÃO DO GRUPO

PROJETO:	MEMBROS DO GRUPO:			DATA:	
Observe um grupo por cinco a dez minutos. Assinale as opções que melhor descrevem a participação dos membros do grupo.	Todos os membros	Maioria dos membros	Alguns membros	Poucos membros	Não aplicável
Ao iniciar uma nova tarefa, os membros do grupo					
Concordam sobre agenda ou plano	☐	☐	☐	☐	☐
Começam o trabalho sem demora	☐	☐	☐	☐	☐
Providenciam materiais do projeto	☐	☐	☐	☐	☐
Resolvem coisas sem auxílio do professor	☐	☐	☐	☐	☐
Dividem responsabilidades	☐	☐	☐	☐	☐
_____	☐	☐	☐	☐	☐
Ao realizar pesquisas, os membros do grupo					
Consultam fontes primárias	☐	☐	☐	☐	☐
Fazem anotações	☐	☐	☐	☐	☐
Travam conversas relevantes	☐	☐	☐	☐	☐
Avaliam o significado de novas informações	☐	☐	☐	☐	☐
Atêm-se à tarefa	☐	☐	☐	☐	☐
_____	☐	☐	☐	☐	☐
Ao debater sobre o trabalho do projeto, os membros do grupo					
Fazem perguntas de esclarecimento	☐	☐	☐	☐	☐
Dão uns aos outros a chance de falar	☐	☐	☐	☐	☐
Tomam decisões de maneira eficiente	☐	☐	☐	☐	☐
Registram decisões e planos	☐	☐	☐	☐	☐
Compartilham informações essenciais	☐	☐	☐	☐	☐
Atêm-se à tarefa	☐	☐	☐	☐	☐
_____	☐	☐	☐	☐	☐

GRUPOS
AUTO-AVALIAÇÃO DA CONTRIBUIÇÃO DO GRUPO

PROJETO: **ALUNO:**   **DATA:**

Contribuí para o progresso do grupo da seguinte forma:

Neste grupo, é difícil para mim:

Posso mudar isso da seguinte maneira:

Preciso do seguinte para melhorar o funcionamento do grupo:

GRUPOS
DIÁRIO DE APRENDIZAGEM DO GRUPO

PROJETO: **MEMBROS DO GRUPO:**   **DATA:**

Tínhamos os seguintes objetivos:

Realizamos:

Nossos próximos passos serão:

Nossas preocupações/problemas/questões mais importantes são:

Aprendemos:

"Diário de aprendizagem do grupo" é uma adaptação dos materiais desenvolvidos pela Autodesk Foundation e pela Sir Francis Drake High School, San Anselmo, Califórnia.

AVALIAÇÃO E REFLEXÃO
O MÉTODO DO "AQUÁRIO"

1 Organize os alunos em um grande círculo.

2 Coloque um círculo menor, de cinco a sete cadeiras, no centro do grande círculo.

3 Escolha alguns alunos para sentarem-se no círculo interno. Deixe uma cadeira desocupada.

4 Os alunos no círculo interno discutem os resultados do projeto. A platéia no círculo externo ouve. A cadeira vazia é para um membro da platéia que queira entrar na discussão para fazer um comentário ou uma pergunta. Feito o comentário ou pergunta, o participante retorna à platéia para que outro membro possa ocupar o lugar no círculo interno.

Observe que o método do "aquário" pode ser usado para o planejamento do projeto ou para outras tarefas que exijam discussão de grupo.

AVALIAÇÃO E REFLEXÃO
AUTO-AVALIAÇÃO AO FIM DO PROJETO

PROJETO: **ALUNO:** **DATA:**

Concluí as seguintes tarefas durante o projeto:

Como resultado, aprendi o seguinte:

Sobre o assunto

Sobre trabalhar em grupo

Sobre conduzir uma investigação

Sobre apresentar para uma platéia

Sobre

Continua...

AVALIAÇÃO E REFLEXÃO
AUTO-AVALIAÇÃO AO FIM DO PROJETO (continuação)

PROJETO:　　　　　　**ALUNO:**　　　　　　　　**DATA:**

Aprendi que minhas qualidades são:

Aprendi que preciso trabalhar sobre:

Eu faria as seguintes mudanças se fosse repetir o projeto:

EXEMPLOS DE PROJETOS

COMECE COM O FIM EM MENTE

FORMULE A QUESTÃO ORIENTADORA

PLANEJE A AVALIAÇÃO

MAPEIE O PROJETO

GERENCIE O PROCESSO

Implementação de projetos

Sumário

O SUTIL PROJETO DE MANIPULAÇÃO PELA MÍDIA   145
Um projeto de quatro a seis semanas de uma classe de terceira série do ensino médio, no qual os alunos pesquisam subculturas e criam uma apresentação.

O PROJETO HISPÂNICO DE EDUCAÇÃO PARA O DIABETES   150
Um projeto de ciência e tecnologia para sétima série com duração de três semanas, cujo objetivo é fazer com que os alunos pesquisem os efeitos do diabetes na comunidade local de origem hispânica e criem um vídeo educacional sobre prevenção e conscientização da doença.

O PROJETO DO CAMPO DE GOLFE   152
Um projeto de geometria em nove dias para séries iniciais do ensino médio.

O PROJETO DE ÁGUA DE SHUTESBURY   155
Um projeto científico para o ano inteiro, realizado por estudantes de sexta série em uma área rural de Massachusetts, que envolve testes da água e análise ecológica.

O PROJETO DE POVOAMENTO DA CALIFÓRNIA   158
Um projeto interdisciplinar de literatura e história dos Estados Unidos para estudantes de séries finais do ensino médio. O projeto enfocou a migração para a Califórnia e incluiu um mosaico dos alunos como produto.

EXEMPLOS DE PROJETOS

Se você quer aprender mais sobre projetos específicos e sobre como a ABP funciona na sala de aula, leia os exemplos da ABP nas páginas 142-165. Eles incluem uma série de projetos bem-sucedidos de durações variáveis e de diferentes escolas, assuntos e séries acadêmicas. Use esses exemplos, juntamente com os formulários de planejamento de projetos, como orientação para o planejamento de seu próprio projeto. Dois exemplos representam projetos de duração mais curta, realizados em uma única sala de aula. Os outros dois exemplos descrevem projetos multidisciplinares mais complexos de maior duração.

O sutil projeto de manipulação pela mídia

Terceira série do ensino médio*

O sutil projeto de manipulação pela mídia teve seis semanas de duração e nele os alunos investigaram uma subcultura da vida norte-americana e os efeitos da manipulação pela mídia sobre tal subcultura. O projeto estava vinculado ao romance *Grendel*, de John Gardner, o que estendeu sua duração. Sem o romance, o projeto necessitaria de três semanas para ser concluído.

TEMA DO PROJETO

O projeto focou dois aspectos da vida americana: a diversidade cultural nos Estados Unidos e a presença de forças dos meios de comunicação que moldam atitudes e opiniões. O projeto visava ajudar os alunos a pensar criticamente sobre os meios de comunicação, compreender a relação entre meios de comunicação e cultura e identificar as características das subculturas.

A QUESTÃO ORIENTADORA

Como os membros de uma dada subcultura encontram significado na vida? Quais são seus valores e receios? Baseado nisso, como as autoridades governamentais, os meios de comunicação e de publicidade poderiam manipular com sucesso esta subcultura?

RESULTADOS DO PROJETO

Os alunos criaram um produto dividido em três partes – incluindo um poema, uma proposta e um registro de entrevistas – e que tinha por objetivo aprofundar sua compreensão dos meios de comunicação e das subculturas, assim como ajudá-los a desenvolver suas habilidades de leitura e escrita. Os resultados do projeto estavam intimamente ligados aos padrões de conteúdo. Padrões-chave foram avaliados; outros estavam embutidos no projeto, mas não foram avaliados diretamente.

*N. de R.T
Na organização escolar norte-americana, as séries são numeradas seqüencialmente, da 1ª à 12ª série (K12), sendo que as da 5ª à 8ª séries correspondem à escola intermediária (*middle school*), e da 9ª à 12ª séries, à escola de nível médio (*high school*). As referências às séries no texto seguem o padrão norte-americano: por exemplo, "terceira série do ensino médio" se refere à 11ª série.

DIRETRIZES PARA OS ALUNOS

Seu produto final será uma proposta para as partes interessadas que os ajudará a aprender a manipular a subcultura escolhida por você. Ele incluirá o seguinte:

- Página de título.
- Um poema criado com base na descrição de Grendel feita por Shaper (aquela que lhe deu sua "identidade") sobre a subcultura que você escolheu.
- Proposta (950-1100 palavras) estruturada da seguinte forma:
    - começa com uma epígrafe relevante do romance *Grendel;*
    - descreve o ambiente da subcultura;
    - explica como os integrantes daquela subcultura encontram sentido em sua vida como membros da subcultura, utilizando observações e citações de visitas/entrevistas de campo;
    - propõe um plano, incluindo um protótipo de anúncio, por meio do qual os meios de comunicação, anunciantes e autoridades podem influenciar sua subcultura.
- Incluídos após a proposta, três diários de campo (duas entrevistas, uma observação) de visitas à subcultura.

ATIVIDADES DO PROJETO

As atividades do projeto incluem ajudar os alunos a entender como a mídia e a publicidade influenciam as pessoas, e fazê-los praticar boas técnicas de escrita, tais como evitar a prolixidade, incorporar citações e estruturar textos.

A tarefa dos alunos era determinar como um anunciante ou consultor político poderia manipular uma subcultura com base em estereótipos. Os alunos partiram da leitura de *Grendel*, além de entrevistar membros de uma subcultura de sua escolha. Criaram, depois, um poema sobre a subcultura. O objetivo do poema era identificar e revelar os estereótipos, com base no conhecimento e informações das entrevistas.

As instruções dadas aos alunos para o poema eram: crie um poema baseado na introdução *Beowulf** de *Grendel* para estabelecer a *identidade idealizada de sua subcultura compatível com a forma como seus membros gostariam de ser identificados.* O narrador do livro, Grendel, o monstro, relata as experiências que moldam sua personalidade enquanto ele tenta encontrar sentido na vida. Uma força poderosa que o influencia é um personagem, chamado Shaper, que simboliza a mídia e demonstra como esta conta mentiras inteligentes para manipular as pessoas e, em certo sentido, criar sua identidade. A influência desse personagem também vai além de Grendel; ele usa sua capacidade retórica para moldar a tribo anglo-saxônica no livro, reescrevendo sua história de um modo que seja mais favorável a seus membros. Assim, Grendel se adapta à exploração de como a mídia exerce influência sobre as pessoas enquanto elas buscam sentido em suas vidas – e como os publicitários manipulam as subculturas tirando vantagem de seu senso de identidade.

*N. de R.T
Beowulf. Poema épico anglo-saxão do século X, escrito em inglês antigo por um autor anônimo. O herói da obra, Beowulf, se envolve em três batalhas: inicialmente contra o monstro Grendel, em seguida contra a mãe de Grendel e, por último, contra um dragão que possui um tesouro.

Para ajudar os alunos na criação de um poema, o professor forneceu-lhes uma cópia do poema original retirado do livro, juntamente com um exemplo de como escrever o poema com base em uma subcultura *do professor*.

EXEMPLO PARA O POEMA

Passagem original	**Uma passagem que introduz a subcultura do professor**
E assim as pessoas viviam bem, até que finalmente alguém, um demônio do inferno, começou a praticar o mal no mundo. Grendel era o nome desse horrendo diabo que assombrava os pântanos, saqueava pelos matagais e brejos abandonados; por certo tempo ele vivera na penúria entre os monstros expulsos...	E assim as pessoas vivem na ignorância até que finalmente alguém, um esforçado idealista, começou a praticar seu conhecimento no mundo. Professor era o nome deste persistente servidor, trabalhando continuamente, explicando às crianças e aos adolescentes revoltados; por certo tempo ele viveu na frustração entre as crianças ignorantes, o futuro da América, esquecidas pelo sistema e tratadas como...

Exemplos específicos de como uma proposta deve ser construída, além dos recursos, também foram fornecidos para os alunos.

DIRETRIZES PARA A PROPOSTA

Introdução, primeira parte: o "gancho"

(A introdução consiste de um parágrafo de 150 a 200 palavras, *excluindo-se* a epígrafe)

Você vai usar uma *epígrafe* (exemplo a seguir) como "gancho" para este ensaio. Uma epígrafe é um "mote ou citação, como no início de uma composição literária, *que define uma temática*" ou "define o conteúdo ou espírito de seu ensaio". O propósito de uma epígrafe é desafiar o leitor a determinar a relação entre a epígrafe e o ensaio; a epígrafe orienta a leitura e faz o leitor perceber que você realmente pensou sobre o assunto. Depois de saber onde pretende chegar com seu ensaio, examine *Grendel* e escolha uma passagem que *esteja intimamente relacionada com o ponto proposto por sua tese*, para ser utilizada como epígrafe.

A internet, *http://www.bookrags.com/notes/gre/QUO.htm#1*, apresenta uma relação de citações retiradas de *Grendel*. Ali talvez você encontre o que procura; ou pense sobre que parte do livro poderia conter uma citação relevante para sua subcultura e tese. O livro é repleto de pequenas observações expressivas ou espirituosas – você não terá muita dificuldade para encontrar algo que lhe sirva.

AVALIAÇÃO E CRITÉRIOS DE DESEMPENHO

O roteiro de avaliação para os produtos foi dado aos alunos no início do projeto para ajudá-los a se concentrar nos produtos necessários e nos critérios de desempenho de cada projeto. Critérios de desempenho foram estabelecidos para o poema e para a proposta.

CRITÉRIOS DE AVALIAÇÃO

Poema
- Forte "senso da subcultura"
- Alinhamento com proposta

Proposta
- Introdução: a epígrafe define o conteúdo e o espírito do ensaio e faz uma transição suave; a tese é substantiva, contestável e específica.
- Corpo: a descrição do ambiente é vívida; citações e entrevistas são bem utilizadas; a análise é sensata, equilibrada e perspicaz; a tese tem sustentação.
- Conclusão/estratégias de influência: a tese é mencionada novamente de maneira propositada; possibilidades e implicações para influência são explicadas com perspicácia; a finalização é satisfatória.
- Protótipo de anúncio: o conhecimento aplicado é compatível com a proposta e com as descobertas de entrevistas, demonstra compreensão de técnicas publicitárias, além de organização e clareza.
- Voz, estilo e convenções: a voz é compatível com a platéia e com a finalidade; a linguagem é concisa; não ocorrem erros, ou apenas poucos, de menor importância.

Na página seguinte apresentamos uma relação dos padrões avaliados e praticados durante todo o projeto.

PADRÕES AVALIADOS

Leitura
- Use evidências textuais para analisar o tema ou significado

Escrita
- Escreva de forma persuasiva, avaliando, interpretando ou especulando.
- Defenda posições com evidência precisa e relevante
- Organize idéias em composições selecionando e aplicando estruturas que realcem a idéia ou tema central
- Escreva composições que apresentem idéias complexas de um modo sustentado e interessante

PADRÕES PRATICADOS

Leitura
- Aplique o conhecimento de raízes e afixos anglo-saxônicos, gregos e latinos para determinar o significado de palavras desconhecidas.
- Aplique o conhecimento de sintaxe e alusões literárias para a compreensão de novas palavras e do texto
- Refine estratégias de pré-leitura para assegurar a compreensão
- Analise influências históricas/culturais que atuaram sobre os elementos de obras conhecidas da literatura
- Analise e avalie o modo como os escritores utilizam imagens, figuras de linguagem e som para provocar resposta no leitor
- Leia e aplique instruções em múltiplas etapas para realizar tarefas complexas
- Use estratégias de aperfeiçoamento de leitura, tais como resumir, esclarecer ambigüidades e consultar outras fontes
- Planeje estratégias que funcionam melhor para garantir a compreensão de uma variedade de textos.

Escrita
- Produza idéias para escrita selecionando estratégias apropriadas de pré-escrita, sempre consciente da platéia, da finalidade e do estilo pessoal
- Revise o texto a fim de aperfeiçoar a escolha de palavras, a organização e o ponto de vista
- Utilize linguagem padrão
- Aplique as regras de emprego, gramática e ortografia com poucos erros significativos
- Utilize modificadores, estrutura paralela e subordinação corretamente na escrita

Escrita e fala
- Resuma e avalie comunicações que informem, persuadam e entretenham
- Participe de conversações para resolução de problemas ou de discussões em grupo identificando, sintetizando e avaliando dados
- Avalie possíveis fontes de informação quanto a sua credibilidade e utilidade

O projeto hispânico de educação para o diabetes

Sétima série – ciência e tecnologia

Em parceira com um hospital local, este projeto de ciência e tecnologia para sétima série envolveu os alunos na investigação de uma questão de saúde importante: o aumento do diabetes na comunidade hispânica. O objetivo do projeto era produzir um vídeo para o serviço público que estaria à disposição da comunidade pelo canal local de televisão a cabo, um folheto e um estande de exposição em feira para moradores hispânicos. O projeto foi programado para durar seis semanas.

A idéia para o projeto surgiu em discussões e artigos que destacavam o aumento na incidência de diabetes na comunidade hispânica. O professor desenvolveu o tema e trabalhou com os alunos para refinar o projeto.

O projeto se iniciou com uma visita à classe de um profissional de orientação sobre o diabetes do hospital, o que gerou nos alunos interesse pelo assunto e preocupação com ele. Durante essa visita, a classe recebeu informações básicas sobre o diabete e teve a oportunidade de fazer perguntas sobre a causa da doença e sua prevenção. Por instrução direta, o professor também ofereceu informações sobre sistemas orgânicos e sobre o processo da doença. Em projetos anteriores, os alunos aprenderam técnicas básicas de produção de vídeo, realização de entrevistas, levantamento de dados e planejamento gráfico.

A QUESTÃO ORIENTADORA

Como podemos educar nossa comunidade sobre o tratamento e sobre as medidas de prevenção do diabetes?

PADRÕES CIENTÍFICOS – CIÊNCIA DA VIDA

Estrutura e função dos sistemas vivos: os alunos sabem que os sistemas orgânicos funcionam devido às contribuições de todos os órgãos, tecidos e células. Uma falha em qualquer parte pode afetar todo o sistema.

RESULTADOS DO PROJETO

O projeto incorporou os padrões vigentes para ciência e escrita, além de marcos de referência locais para uso de tecnologia. Habilidades SCANS foram utilizadas para identificar hábitos de trabalho a serem aprendidos no projeto, juntamente com três hábitos mentais: persistência, questionamento e criatividade. Os alunos também puderam aplicar seus conhecimentos de espanhol, mas isso não foi formalmente avaliado.

PRODUTOS DO PROJETO

Além de completar tarefas e fazer uma prova sobre fisiologia e anatomia dos sistemas orgânicos do corpo, os alunos trabalharam em grupo para preparar três produtos. O primeiro, uma apresentação em vídeo, exigiu a formação de uma equipe de produção na qual os alunos desenvolveram habilidades como criação de roteiros visuais e escritos, edição e produção gráfica. A equipe de produção primeiramente definiu as funções de cada participante, tais como roteirista, diretor, operador de câmera, editor e produtor. A equipe fazia reuniões de produção a cada duas semanas e divulgava um cronograma visual de seu trabalho para os outros alunos.

Uma segunda equipe realizou pesquisas sobre a prevalência do diabetes e sobre informações básicas da doença. A equipe entrevistou pessoas com diabetes e elaborou um pequeno levantamento de dados aplicado à comunidade hispânica.

Uma terceira equipe preparou o folheto e os materiais do estande de exposição, incluindo o projeto para o estande e versões bilíngües de todos os produtos. As três equipes reuniam-se periodicamente para relatar o andamento e compartilhar informações.

AVALIAÇÃO DO PROJETO

Roteiros foram criados para o folheto, o vídeo e o projeto do estande de exposição. O professor e uma pequena equipe de profissionais de saúde do hospital analisaram e atribuíram notas para os três produtos.

Além das observações do professor e das discussões em aula, os apontamentos dos alunos em seus diários foram usados como evidência da aquisição de habilidades e hábitos mentais. Habilidades de escrita foram praticadas e avaliadas usando diretrizes desenvolvidas previamente pelos professores de comunicação e expressão.

GERENCIAMENTO DO PROJETO

A extensão e a complexidade do projeto exigiram um gerenciamento firme. Os alunos usaram cadernos interativos* para manter um registro do andamento e de reflexões sobre o projeto. Os cadernos eram examinados semanalmente pelo professor para avaliar seu conteúdo. Cada equipe tinha também que fazer um relatório semanal sobre o andamento, incluindo uma atualização no roteiro visual e rascunhos do folheto.

---

*N. de R.T
Forma de organização de cadernos escolares que favorece o envolvimento dos alunos e os motiva a participar das atividades. As páginas da direita são reservadas para o registro de novas informações, fornecidas pelo professor, incluindo as notas de aulas e materiais impressos. As páginas da esquerda são destinadas ao envolvimento dos alunos, onde eles podem, por exemplo, reorganizar as informações apresentando-as em novos formatos. Páginas iniciais devem ser reservadas, por exemplo, para a elaboração de uma capa e de um índice. Vários *sites* podem ser encontrados na internet, com detalhes sobre a organização de cadernos interativos, como, por exemplo: http://uweb.txstate.edu/teachamhistory/lessons/notebook.pdf.

O projeto do campo de golfe

Primeira e segunda séries do ensino médio – geometria

Neste projeto de nove dias, os alunos trabalharam em grupos para criar um buraco para um campo de golfe em miniatura. Cada buraco deveria permitir que a bola o atingisse em uma única tacada, o que foi calculado usando um compasso e a lei da reflexão.

TEMA DO PROJETO

O desafio de criar um campo de golfe em miniatura torna-se um modo de explorar conceitos geométricos e de praticar habilidades matemáticas básicas, tais como ângulos, reflexões, desenho em escala, construções geométricas e provas. No contexto de planejar a localização do buraco, os alunos desenvolvem sua capacidade de raciocínio, usam sua criatividade e aplicam seus conhecimentos matemáticos.

O projeto adotou uma abordagem prática de aprendizagem, de forma que os alunos fizessem experimentos arremessando uma bola contra uma parede, fizessem observações sobre o ricocheteio da bola e tirassem uma conclusão sobre o ângulo em que a bola sai. Uma vez que o contexto do projeto incluía uma competição para um estágio em uma empresa de fabricação de miniaturas, cada grupo de alunos precisava projetar um buraco único e criativo baseado em um tema de sua escolha, que apresentaram para um grupo seleto de pessoas usando *Power Point*.

> **A QUESTÃO ORIENTADORA**
>
> Como podemos criar um campo de golfe em miniatura e construir uma trajetória de acerto com uma única tacada mediante a medição de ângulos e de reflexões?

RESULTADOS DO PROJETO

O projeto teve por objetivo satisfazer os padrões de conteúdo para geometria. Durante os nove dias, o projeto ocorreu em cinco etapas, cada uma enfatizando uma habilidade matemática diferente:

1. Ângulos
   - Medição de ângulos com um transferidor
   - Classificação de tipos de ângulos
2. *Software* de geometria
   - Uso do *software* de geometria (*Geometer's Sketchpad*)
   - Investigação de ângulos no *software* de geometria
   - Reflexões no *software* de geometria
3. Desenhos em escala
   - Fator de escala
   - Ampliação/redução

4. Reflexões
   - Características das reflexões
   - Construção de reflexões
5. Provas
   - Prova em duas colunas*
   - Prova em parágrafo

AVALIAÇÃO DOS PADRÕES DE CONTEÚDO

- Os alunos elaboram provas geométricas, incluindo provas por contradição.
- Os alunos demonstram relações entre ângulos de polígonos utilizando propriedades de ângulos complementares, suplementares, verticais e externos.
- Os alunos realizam construções básicas com régua e compasso, tais como bissetrizes de ângulos, mediatrizes e a linha paralela a uma dada linha através de um ponto fora dessa linha.
- O alunos conhecem o efeito de movimentos rígidos em figuras no espaço e plano de coordenadas, incluindo rotações, translações e reflexões.

PRODUTOS E AVALIAÇÃO DO PROJETO

O projeto incluía múltiplos produtos que foram coletados e avaliados, incluindo apresentação final em *Power Point*. Cada produto foi avaliado separadamente, com avaliações matemáticas baseadas em critérios estabelecidos. As apresentações foram avaliadas por meio de um roteiro de apresentação.

PRODUTOS

- Desenho do buraco em escala
- Construção da trajetória para alcance única tacada
- Desenho do buraco com rótulos e identificação de todos os tipos de ângulos
- Prova mostrando que o ângulo de entrada é congruente com o ângulo de saída
- Apresentação em *Power Point* que explica claramente o tema e o projeto do buraco

*N. de R.T
Na prova em duas colunas, a demonstração é escrita no formato de duas colunas, com os argumentos listados na coluna da esquerda e as justificativas correspondentes a cada argumento, na coluna da direita. Na prova por parágrafos, os passos da demonstração são escritos como sentenças, constituindo parágrafos. Um exemplo de prova utilizando ambos os formatos pode ser encontrado em:
http://www.homeschoolmath.net/teaching/two-column-proof.php.

Além de apresentações e de desenhos, o projeto exigiu cooperação e trabalho escrito que permitiram que professores e alunos alcançassem seis objetivos gerais de aprendizagem estabelecidos para sua escola:

- **Conhecimento da tecnologia:** Os alunos usaram *software* de geometria (*Geometer's Sketchpad*) para investigar ângulos e linhas e *Power Point* para criar uma apresentação.
- **Comunicação escrita:** Os alunos apresentaram uma explicação escrita de seu projeto.
- **Comunicação oral:** Os alunos apresentaram seu projeto e seu trabalho.
- **Cooperação:** Os alunos trabalharam em pequenos grupos para projetar o buraco do campo de golfe e preparar uma apresentação.
- **Pensamento crítico:** Os alunos usaram resolução de problemas para construir a trajetória da bola para acerto do buraco com uma única tacada, e utilizaram lógica e raciocínio para demonstrar que os ângulos eram congruentes.
- **Conteúdo de matemática:** Os alunos demonstraram compreensão de ângulos e reflexões por meio de atividades diárias, da conclusão do projeto e de uma prova.

O projeto de água de Shutesbury
Sexta série – ciências

O projeto de água de Shutesbury utilizou a experiência dos professores de uma pequena escola rural de ensino fundamental em Shutesbury, Massachusetts.* Em Shutesbury, os professores trabalharam muitos anos para organizar o programa de ensino em torno de projetos. Em determinados anos, os professores escolhem um tema interdisciplinar a ser ensinado em todas as séries. No início do ano, os professores participam de oficinas e viagens de campo para obterem uma compreensão comum do assunto. No restante do ano, alunos do jardim à sexta série "mergulham nos aspectos literários, artísticos, matemáticos, ecológicos, políticos, atléticos, científicos e lúdicos desse amplo tema".

TEMA DO PROJETO

Alguns anos atrás, os professores da Escola de Ensino Fundamental de Shutesbury escolheram a água como seu tema de estudo. O trabalho durante o ano foi dividido em três fases: (1) água como recurso; (2) as propriedades físicas da água e (3) a biologia dos corpos de água. Os alunos mediram a acidez da água de lagos e de reservas locais, construíram e povoaram um aquário com vida aquática, pesquisaram e leram sobre temas relacionados com água e mediram o uso e o desperdício de água, por meio de um diário.

> **A QUESTÃO ORIENTADORA**
>
> A água que bebemos é segura?

Tendo aprendido sobre a facilidade com que lagos e reservas de água tornam-se poluídos, os alunos propuseram a pergunta: a água que bebemos é segura? Uma vez que a região de Shutesbury é servida por poços particulares, geralmente um para cada casa, a pergunta representava um significativo desafio para esses alunos. Para respondê-la, os alunos eram obrigados a lidar com questões científicas e sociais associadas com o conteúdo do projeto, as quais incluíam os princípios de poluição da água, as ferramentas e os procedimentos de análise científica, a relação entre qualidade da água e saúde pública e as questões que orientam as políticas comunitárias.

ATIVIDADES DO PROJETO

Os alunos e os professores decidiram testar uma amostra dos poços particulares de Shutesbury com duas preocupações em mente: poluição com chumbo e com sódio. Reuniões escolares foram realizadas para orientar os alunos e responder

---

* Ron Berger, *Water: a whole school expedition* (Shutesbury, Massachusetts: Shutesbury Elementary School, 1996).

> **PADRÕES DE CONTEÚDO**
>
> - Ciências naturais: o ciclo da água.
> - Biologia: mudanças no ecossistema ao longo do tempo.
> - Ciências físicas: elementos, compostos e misturas.
> - Tecnologia/engenharia: medição e o método científico.

perguntas, e os alunos tiveram aulas sobre poços artesianos. Eles trabalharam com os pais para desenhar mapas das localizações dos poços, assim como da inclinação do terreno, para que uma relação pudesse ser estabelecida entre o nível de sódio na água e a proximidade de fontes de sal em estradas*.

Alunos de sexta série tornaram-se experientes nas técnicas de coleta de amostras de água e também aprenderam o procedimento correto para tirar amostras dos poços de suas casas. Trabalhando em equipes, esses alunos aprenderam a calibrar e a usar os sofisticados instrumentos disponíveis no laboratório de biologia da faculdade local para testar amostras de água. Um grupo separado de alunos filmou o processo em vídeo para que outros alunos pudessem adquirir essas habilidades. Depois, utilizando impressões de computador do laboratório, os alunos criaram tabelas e um mapa da cidade que mostrava a localização das casas de todos os alunos, além de dados sobre o poço de cada família. Os alunos também aprenderam a plotar dados em gráficos a fim de buscar correlações.

Usando as tabelas e o mapa, os alunos buscaram estabelecer correlações entre profundidade da água e conteúdo de sódio; nível de pH e conteúdo de sódio; distância da estrada até o poço e conteúdo de sódio; nível de pH e conteúdo de chumbo; e conteúdo de sódio e de chumbo. Os alunos de sexta série construíram diagramas para apresentar seus achados, que foram então utlizados em reuniões escolares para apresentar os resultados ao resto da escola. As atividades do projeto incorporaram diversas ferramentas tecnológicas e outros recursos e ocorreram sob diversas condições realistas: tarefas em grupo, trabalho individual, atividades em sala de aula, tarefas de laboratório e assembléias gerais de toda escola. Essas atividades foram essenciais para abordar a Questão Orientadora; ao mesmo tempo, elas estimularam os alunos a aprender princípios centrais associados à área do conteúdo.

*N. de R.T.
Road salt, no original: sal usado para evitar a formação de gelo em rodovias, durante o inverno, tendo impactos negativos no meio-ambiente.

> **PRODUTOS**
>
> O projeto envolveu vários tipos de produtos, desde pequenas tarefas individuais até relatórios e apresentações formais dos grupos. Destacaram-se:
>
> - tabelas e mapa da cidade para apresentação de dados;
> - apresentações orais para a escola e a comunidade;
> - relatório escrito resumindo as descobertas respondendo a Questão Orientadora.

RESULTADOS DO PROJETO

O projeto da água foi um grande sucesso. Os alunos aprenderam os princípios da contaminação da água, as habilidades de processo da análise de contaminação, as habilidades de raciocínio da análise correlacional e os pressupostos analíticos que subjazem à coleta de dados. Desenvolveram também um senso visual para apresentação de dados e resultados. Além disso, as atividades dos alunos lhes trouxeram reconhecimento em toda a comunidade. Seu trabalho sobre a água deixou claro que eles foram capazes de interagir com professores universitários, repórteres de jornal e membros do Conselho de Saúde da cidade.

O projeto de povoamento da Califórnia
Duas últimas séries do ensino médio – Humanidades

TEMA DO PROJETO

Os professores da Sir Francis Drake High School de San Anselmo, Califórnia, queriam criar um projeto de humanidades de dez semanas que incorporasse história e literatura norte-americana em uma academia para alunos das últimas séries do ensino médio que já tinham experiência com ABP. Depois de várias conversas, eles decidiram criar uma unidade multidisciplinar sobre o povoamento da Califórnia. Os professores sabiam que queriam ensinar os alunos sobre a história da imigração para os Estados Unidos; abordar a história multicultural da Califórnia; encontrar modos de integrar história, literatura e arte; e incluir um foco nos padrões de capacitação profissional recentemente adotados pelo distrito. A partir de um debate com os alunos surgiram temas para o projeto que refletiam questões expressas pelos alunos sobre sua história na comunidade. Por exemplo, eles observaram que o repovoamento e a imigração são processos sociais normais, e que a própria Califórnia é uma terra de imigrantes.

RESULTADOS DO PROJETO

Depois de considerar as idéias gerais para o projeto, os professores focalizaram os resultados específicos que queriam que os alunos alcançassem. Eles primeiramente examinaram os padrões de conteúdo para história/ciência social e literatura/comunicação e expressão. Os padrões de ensino exigem que os alunos compreendam o papel da diversidade na vida americana e o papel de temas sociais na literatura norte-americana. A partir disso, os professores identificaram padrões específicos da literatura norte-americana e da história dos Estados Unidos para terceira série, incluindo padrões referentes a modelos e leis de imigração. Os professores formularam então o projeto considerando cerca de seis padrões de conteúdo.

Os professores também se concentraram nas competências e nas estratégias – as habilidades de *processo* – que os alunos adquiririam durante o andamento das atividades até a conclusão do projeto. Para orientação específica, eles utilizaram a lista de competências profissionais identificadas pela SCANS (Comissão de Aprendizado de Habilidades Necessárias), tais como a capacidade de gerenciar tarefas, de resolver problemas e de se comunicar claramente. Dessa lista, a equipe identificou habilidades fundamentais que seriam enfatizadas durante o projeto e – mais importante – as que seriam avaliadas no fim do projeto. Finalmente, os professores perceberam que a capacidade de ser mais tolerante e compreensivo com os grupos imigrantes era um importante hábito mental ou disposição que os estudantes poderiam adquirir a partir do projeto. Além disso, um projeto de dez semanas de duração seria um teste de organização e de persistência para os alunos.

Os resultados do projeto são apresentados na lista a seguir. Todos esses resultados foram *simultâneos*, ou seja, eram parte essencial do projeto e foram avaliados.

RESULTADOS DO PROJETO

Padrões de conteúdo

- Os alunos lêem obras da literatura que são histórica ou culturalmente importantes e respondem sobre elas.
- Os alunos escrevem textos coerentes e focalizados que comunicam uma perspectiva bem definida e uma argumentação consistente.
- Os alunos fazem apresentações formais refinadas e extemporâneas que combinam estratégias retóricas tradicionais de narração, exposição, persuasão e descrição.
- Os alunos analisam a relação entre a ascensão da industrialização, a migração do campo para as cidades em ampla escala e a imigração maciça do leste e sul da Europa.
- Os alunos analisam os principais desenvolvimentos políticos, sociais, econômicos, tecnológicos e culturais da década de 1920.

Habilidades

- Os alunos serão capazes de estabelecer metas e de executar um plano para o projeto.
- Os alunos serão capazes de fazer uma apresentação oral para um grande grupo.
- Os alunos serão capazes de criar um plano de entrevistas: quem, o quê, onde, quando, como.
- Os alunos serão capazes de trabalhar em grupo de modo efetivo e de ter maior disposição para cooperar com os colegas.

Hábitos mentais

- Os alunos serão mais tolerantes e compreensivos em relação a grupos imigrantes.

QUESTÕES ORIENTADORAS

As Questões Orientadoras para o projeto sugeriram tanto lacunas no conhecimento de professores e alunos quanto atividades que seriam estimulantes para os alunos. Embora geralmente seja mais fácil concentrar a atenção dos alunos em uma única questão, esse tópico exigiu múltiplas Questões Orientadoras.

QUESTÕES ORIENTADORAS DO PROJETO

A Califórnia é uma terra de imigrantes (Idéia Geral)

Diversidade (Padrão de estudos sociais)

Temas sociais (Padrão de literatura norte-americana)

Fixação de metas
Planejamento do projeto
Apresentação oral
Colaboração
Tolerância

Questões Orientadoras
Quem são os norte-americanos e californianos?
Por que viemos para a Califórnia?

SUBQUESTÕES DO PROJETO

Questões Orientadoras
Quem são os norte-americanos e californianos?
Por que foram para a Califórnia?

Questões derivadas das Questões Orientadoras
- Quem são os principais migrantes/imigrantes? Por que eles migraram, e de onde?
- Que dificuldades cada grupo teve que enfrentar?
- Quais são as características únicas e comuns da migração/imigração para a Califórnia?
- Como representar a migração/imigração de maneira visual?

ATIVIDADES DO PROJETO

Os professores envolvidos no projeto perceberam que, para atingir os objetivos, os alunos precisariam se envolver em muitas atividades, com diferentes produtos individuais e grupais submetidos à avaliação durante as dez semanas. Para satisfazer essa meta, os alunos foram divididos em grupos de pesquisa. Cada grupo selecionou uma comunidade de imigrantes/migrantes para investigar, e cada aluno ficou responsável por um aspecto (por exemplo: contribuições culturais, origem ou viagem) de tal investigação.

Os grupos eram responsáveis pela execução de sete produtos inter-relacionados: (1) uma síntese de entrevistas, resultados de uma entrevista com um representante da comunidade imigrante/migrante; (2) um perfil da comunidade, uma descrição de sua comunidade de imigrantes/migrantes; (3) um projeto em mosaico, um esboço para um painel em mosaico que capturaria a história de sua comunidade; (4) um ensaio sobre *As vinhas da ira**; (5) o mosaico concluído; (6) uma apresen-

*N. de R.T
Romance do escritor norte-americano, John Steinbeck (1939), cujo foco é a migração de uma família de pequenos trabalhadores agrícolas de Oklahoma para a Califórnia, em busca de melhores condições de vida. Deu origem a uma produção cinematográfica homônima (1940). Em inglês: The grapes of wrath.

tação em grupo, um relato oral para a classe apresentando os resultados de sua pesquisa, entrevistas e o projeto do mosaico e (7) relatórios individuais sobre grupos de imigrantes (por exemplo, norte-americanos chineses e estradas de ferro da Califórnia).

PRODUTOS DO PROJETO

Das atividades emergiu um conjunto de múltiplos produtos, incluindo um mosaico com azulejos, criado por grupos individuais, apresentações em grupo baseadas em pesquisa, relatórios individuais e provas.

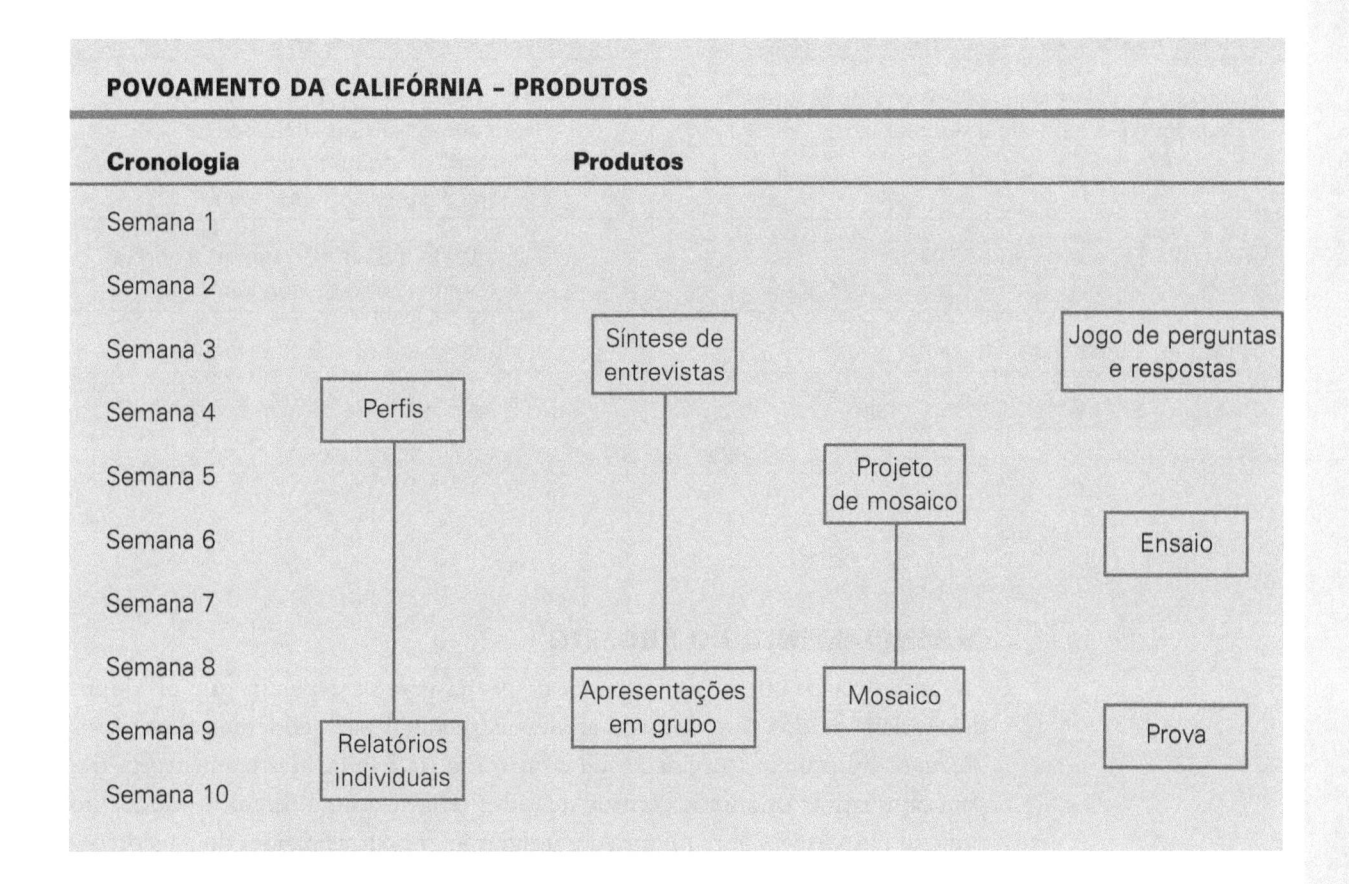

POVOAMENTO DA CALIFÓRNIA – PRODUTOS

Cronologia	Produtos			
Semana 1				
Semana 2				
Semana 3		Síntese de entrevistas		Jogo de perguntas e respostas
Semana 4	Perfis			
Semana 5			Projeto de mosaico	
Semana 6				Ensaio
Semana 7				
Semana 8				
Semana 9	Relatórios individuais	Apresentações em grupo	Mosaico	Prova
Semana 10				

AVALIAÇÕES DO PROJETO

Simultaneamente ao planejamento de produtos de projetos, a equipe de ensino começou a pensar em como avaliar o que foi aprendido. A avaliação de conhecimento de conteúdo, de habilidades e de hábitos mentais exigiu quatro tipos de avaliações: medidas de desempenho, avaliação de produto, testes e medidas por auto-avaliação. Roteiros foram criados para avaliar produtos, apresentações e desempenhos.

AVALIAÇÕES DO PROJETO

Método de avaliação	Critérios aplicados
Provas: conteúdo de estudos sociais Conteúdo de literatura (*As vinhas da ira*)	Conhecimento de fatos Compreensão de conceitos
Medida de desempenho: Avaliação das apresentações pelo professor e pelo aluno	Compreensão de conceitos Análise crítica Colaboração e trabalho em equipe
Medida de desempenho: Avaliação de produto em mosaico	Concepção artística
Medida de desempenho: Observações estruturadas de produtividade do grupo	Gerenciamento efetivo do tempo Gerenciamento efetivo de tarefa
Medida de desempenho: Avaliação de resumo de transcrições e ensaio interpretativo	Completude Compreensão de conceitos Integração de conceitos Originalidade de pensamento
Relatório: Defesa da apresentação	Efeito do trabalho do projeto sobre a compreensão de conceitos
Relatório: Questionário do aluno	Atitudes em relação à diversidade
Relatório: Entrevista utilizando roteiro	Disposição para buscar, ser sensível, usar e aproveitar retorno

GERENCIAMENTO DO PROJETO

Durante o mapeamento do projeto, os professores perceberam que os alunos precisariam de diversos tipos de apoio instrucional para poderem alcançar os objetivos do projeto. Atividades de construção de habilidades eram necessárias para familiarizar os alunos com os métodos de avaliação a serem utilizados no projeto. Discussões sobre migração e imigração em outras regiões do país prepararam o terreno para a pesquisa dos alunos. Outros tipos de suporte didático foram introduzidos no decorrer do projeto, incluindo instrução direta e treinamento em projeto e construção de mosaico usando serviços de artistas convidados da comunidade.

O gerenciamento do projeto incluiu a reunião de recursos, tais como: programas de edição gráfica, laboratórios de informática, gravadores para entrevistas, vídeos, materiais de construção, azulejos e ferramentas para o mosaico, especialistas de comunidades de imigrantes/migrantes, um artista convidado com experiência na construção de mosaicos e representantes da escola e da comunidade que formariam a platéia para as apresentações finais.

O projeto de povoamento da Califórnia foi um projeto grande e complexo, com várias semanas de duração e envolvendo múltiplos produtos e avaliações. O sucesso do projeto foi favorecido por um horário escolar com blocos de 90 minutos. Muitas vezes dois blocos eram marcados um após o outro. Isso proporcionou quantidades substanciais de tempo para os alunos, uma necessidade para completar o mosaico. Além disso, três professores supervisionaram o projeto.

RECURSOS DO PROJETO

Atividade ou produto	Recursos
Discussão: Ilha Ellis*	Vídeos de atividades de imigração
Pesquisa do aluno	Acesso a computadores e à internet
Entrevistas	Entrevistados
Planejamento e treinamento em mosaico	Artista convidado
Materiais do mosaico	Chapa de compensado de 20 × 25cm Dez caixas de azulejos Cortadores de azulejo Aventais, luvas
Apresentações	Equipe de especialistas e representantes da comunidade

Três estratégias de gerenciamento ajudaram no sucesso do projeto. Primeiro, os professores monitoraram de perto o ritmo e a direção das atividades usando relatórios semanais do andamento, que incluíam suas observações pessoais, registros semanais do progresso dos alunos e discussões de avaliação nas sextas-feiras. Em segundo lugar, no mapeamento do projeto, os professores usaram cinco estratégias de agrupamento diferentes para garantir maior produtividade e sucesso na aprendizagem. Terceiro, contextos de aprendizagem diferentes ajudaram os alunos a manter o entusiasmo durante um projeto tão longo. Além de trabalharem em aula e em casa, os alunos realizaram pesquisas na biblioteca e na comunidade, apresentaram-se para outras classes e para a comunidade em uma assembléia geral de toda escola e trabalharam no mosaico em um ateliê perto da escola.

*N. de R.T.
Ilha, na baía de Nova York, em que funcionou um posto de controle de imigração para os Estados Unidos no período de 1892 a 1954. Em 1990, começou a funcionar o Museu da Imigração no prédio principal do posto.

GERENCIAMENTO DO PROJETO

Estratégia de formação de grupos	Atividades
Individual	Preparação de propostas, realização de pesquisas na biblioteca, preparação de perguntas para entrevista, realização de entrevistas, escuta de ensaios e preparação de relatórios individuais
Pares	Realização de análises críticas pelos colegas
Pequenos grupos	Preparação de propostas, participação em treinamento, preparação de perfis e de apresentações e realização de apresentações
Pequenos grupos com orientadores	Treinamento e aprendizado na construção de mosaicos
Grandes grupos	Recebimento de orientações, participação na formação e discussões em equipes, observação de apresentações e reflexão sobre a efetividade do projeto

Contexto para trabalho no projeto	Atividades
Sala de aula	Maioria das atividades e instrução direta
Atividade extraclasse	Ensaios, relatórios individuais e preparação para provas
Biblioteca	Trabalho de pesquisa para perfis e projeto de mosaico
Oficina de artes da comunidade	Treinamento em construção e montagem de mosaico
Comunidade	Entrevistas
Outras salas de aula	Apresentações simuladas
Centro cívico local	Apresentações finais

POVOAMENTO DA CALIFÓRNIA – AVALIAÇÃO E REFLEXÃO

Exemplos de reflexões dos alunos

Acho que entendemos o quadro geral da imigração para a Califórnia e para este país.

Eu ainda não entendi as ondas de migração. Eu acho que precisamos de uma aula expositiva sobre isso.

As discussões de avaliação às sextas-feiras funcionaram bem em nosso grupo.

Não sabíamos construir um mosaico. Precisávamos de mais treinamento artístico.

O roteiro de análise crítica era difícil de entender. Deveríamos reformulá-la.

O projeto estendeu-se por muito tempo.

Exemplos de reflexões dos professores

Os avaliadores da comunidade precisam ser treinados no uso de roteiros. Eles não sabiam como julgar as apresentações.

Precisávamos de uma aula de alfabetização visual.

As idéias do grupo de especialistas funcionaram muito bem.

Na próxima vez eu incluiria mais redações no projeto e daria ênfase à revisão por colegas.

AVALIAÇÃO DO PROJETO

Planejado para durar dez semanas, o projeto de povoamento da Califórnia foi concluído em doze semanas, com apresentações bem-sucedidas e um sentimento de grande satisfação entre os alunos. Uma prova de conhecimentos demonstrou que a maioria dos alunos tinha domínio sobre os conteúdos de imigração e sobre os principais fatos históricos, tais como a Depressão, o "New Deal" e os "campos de internamento" para japoneses. Nas apresentações, os alunos demonstraram paixão, tolerância e compreensão ao relatarem as histórias das viagens e da migração do grupo étnico sobre o qual escolheram pesquisar. Muitos alunos motivaram-se a pesquisar sobre a história de sua própria família na Califórnia e a relacionar suas descobertas com tópicos de imigração.

Como parte do planejamento do projeto, a equipe de professores selecionou um período de 90 minutos para que os alunos refletissem sobre o projeto e avaliassem a aprendizagem decorrente dele. A avaliação foi realizada no estilo comunitário, com alunos e professores em grande círculo. Os alunos conduziram as sessões de avaliação e registraram a discussão.

O QUE OS PROFESSORES DE ABP DIZEM?

Implementação de projetos

COMECE COM O FIM EM MENTE

FORMULE A QUESTÃO ORIENTADORA

PLANEJE A AVALIAÇÃO

MAPEIE O PROJETO

GERENCIE O PROCESSO

Sumário

COMECE COM O FIM EM MENTE	169
FORMULE A QUESTÃO ORIENTADORA	172
PLANEJE A AVALIAÇÃO	173
MAPEIE O PROJETO	176
GERENCIE O PROCESSO	181
AGRADECIMENTOS	190

O QUE OS PROFESSORES DE ABP DIZEM?

Observações de professores experientes.

As seguintes observações foram reunidas por experientes professores da ABP.

COMECE COM O FIM EM MENTE

Conheça seus alunos e suas qualidades antes de iniciar um projeto para poder adaptá-lo às necessidades deles.

- Os professores precisam avaliar as capacidades e os interesses dos alunos antes de iniciar um projeto.
- Iniciamos o ano em nossa escola com um miniprojeto que une os estudantes mais novos aos mais antigos. Dedicamos dez dias à formação de equipes e à familiarização dos alunos uns com os outros. Nesse período, os mais experientes ensinam aos mais novos nosso modo de trabalhar.
- Os alunos precisam entender qual é a necessidade do projeto, e eu preciso entender o que eles pensam para poder envolvê-los no trabalho do projeto.
- Sempre haverá alunos e classes que são mais rápidos ou mais lentos que outros. Os alunos que são mais rápidos têm mais oportunidades dentro dos projetos. A gente acaba tendo que adaptar o programa de ensino a cada classe e às vezes até a grupos dentro das classes, caso um grupo avance muito lentamente. O mesmo projeto pode parecer diferente para as diferentes classes ou grupos porque alguns projetos podem incluir atividades adicionais, enquanto outros omitem algumas atividades.
- Se você estiver ensinando alunos que têm aprendizagem mais lenta, será preciso levar isso em consideração ao planejar o projeto. Ele não será o mesmo que seria com uma classe avançada. Será preciso torná-lo mais leve e encontrar um modo de os alunos utilizarem as habilidades que trazem consigo. Talvez eles não sejam tão habilidosos em matemática, mas escrevam bem ou sejam bons artistas. Pode-se também desenvolver um projeto para que os alunos possam se expressar, o que incentivará o desenvolvimento de suas habilidades. Você pode utilizar os mesmos tópicos com alunos de habilidades diferentes. Apenas mude o produto final para que ele tenha melhor correspondência com as habilidades dos alunos.

Se você ou seus alunos ainda não têm experiência com a ABP, comece devagar.

- Menos é mais – comece devagar. O projeto é apenas parte do quadro. Você precisa reestruturar o ambiente de aprendizagem para mudar o modo como trabalha com os alunos. É difícil atacar tudo de uma vez só.
- A vantagem de projetos pequenos é que você tem tempo de analisar o que está fazendo, refletir sobre isso e fazer ajustes. Isso deve ser feito em qualquer projeto, mas é mais fácil com um projeto pequeno.
- Eu aconselharia as pessoas a escolherem um projeto e a fazê-lo bem. Não comece com muitos projetos ou com um projeto muito amplo. Eles se tornam

incontroláveis e mais complicados. A gente está sempre tentando "segurar" o projeto e retomar o controle.
- Quando um professor está trabalhando em seu primeiro projeto, o melhor não é necessariamente envolver múltiplos professores e fazer dele um projeto colaborativo. O esforço para simplificar a logística pode comprometer todo o projeto. Depois de adquirir experiência, colabore com professores em outras áreas de conteúdo.
- Comece refinando tarefas que você costuma propor: acrescente alguns elementos. Muitos professores podem utilizar uma tarefa que usam há muito anos e acrescentar algo para torná-la mais focada na ABP: por exemplo, acrescentar uma entrevista com um adulto fora da escola quando os alunos estão realizando uma tarefa de pesquisa.

Para se saírem bem na ABP, os alunos precisam desenvolver habilidades desnecessárias em ambientes educacionais tradicionais. Formule projetos incrementais que dêem aos alunos a oportunidade de desenvolver essas habilidades no decorrer do ano.
- Com alunos que compreendem a ABP ou que estão maduros e prontos para participar, você pode apresentar um projeto no primeiro dia. Com outros, é preciso ensiná-los sobre ABP. Se os alunos não sabem sobre ABP, eu não apresento um projeto nos primeiros meses do período letivo. Antes disso, eu os faço trabalhar em coisas menores, desenvolvendo suas habilidades de grupo e aprendizagem cooperativa, além de iniciá-los no automonitoramento.
- Experiências repetidas se apoiam umas nas outras. Nossos alunos começam projetos na sexta série. Na oitava, eles já chegam sabendo fazer projetos. Posso começar desde o início do ano, e eles sabem o caminho. Eles sabem como trabalhar em grupos.
- Pense no primeiro projeto como um "navio quebra-gelo"; não espere muito. À medida que trabalham em mais projetos, os alunos tornam-se mais eficientes. Coisas que levam duas semanas em setembro, levarão apenas uma semana em abril. As habilidades dos alunos se aperfeiçoam: obter informações, organizar-se, tomar decisões.

Planeje projetos que ocorrem fora da sala de aula.
- Quanto mais se puder fazer fora do contexto da escola, maior será o envolvimento dos alunos. Se você estiver simplesmente tentando desenvolver habilidades ou adquirir informações que não estejam ligadas a atualidades, não proponha um projeto. Examine o programa de ensino em busca de oportunidades para levar a aprendizagem para fora da sala de aula.

Faça os alunos se entusiasmarem com um novo projeto.
- Antes de iniciar um projeto, fazemos os alunos pensarem sobre ele para que estejam preparados para "mergulhar" quando for a hora. No ano passado,

fizemos um projeto em abril sobre a física da música, mas começamos conversando sobre ele no início do semestre. Sugeri alguns tópicos que eles poderiam investigar, e conversamos sobre como eles poderiam formar seus grupos. Quanto mais cedo os alunos começavam a pensar sobre isso, mais preparados eles ficavam.

> **COMECE COM O FIM EM MENTE:** Parte de seu novo papel não é apenas ensinar a matéria, mas também ensinar os alunos a aprender.

- Quando começamos um novo projeto em toda a escola, realizamos um evento de largada para entusiasmar os alunos sobre o projeto e para marcá-lo como algo diferente do que se faz normalmente em sala de aula. Esse evento tem assumido diferentes formas. Mais recentemente, tivemos uma reunião, e um grupo de professores fez uma apresentação teatral satírica. Em outra vez, houve uma apresentação de *slides* sobre a diversidade dos seres vivos. Depois de despertar o interesse dos alunos, descrevemos o projeto. Dizemos a eles do que trata o projeto e o que esperamos de seu trabalho.

Estabeleça uma cultura que enfatize o autogerenciamento e a auto-orientação do aluno.

- As escolas não educam os alunos para serem aprendizes – ao menos não aprendizes independentes. Temos que desfazer o que foi feito com eles. Em nosso sistema, os alunos ficam dois anos. Mantemos um diálogo com eles durante todo o período. Isso pode se dar a partir de diversos pontos de partida: padrões curriculares, que tipo de pessoa você quer ser, o que é necessário para a faculdade, como estudar ou trabalhar em um ambiente de alto desempenho.
- Parte de seu novo papel não é apenas ensinar conteúdos, mas também ensinar os alunos a aprender. Os alunos mais desenvolvidos já sabem fazer isso. Eles sabem que quando vão à biblioteca precisam pegar mais do que um livro. Eles sabem que não devem escolher tópicos muito amplos, como, por exemplo, John F. Kennedy, porque existem informações demais. Seu papel agora é trabalhar com alunos que nunca lidaram com uma pergunta difícil e ensiná-los a realizar a pesquisa e o estudo necessário para lidar com ela.
- Precisei aprender a ser paciente enquanto os alunos desenvolvem suas capacidades de administrar o tempo e de se organizar. Geralmente não ensinamos aos alunos a administrar o tempo. Na verdade, professores e salas de aula tradicionais definem estruturas de tal forma que os alunos não precisam aprender a administrar o tempo, pois ele é administrado pelo professor e pelos horários das aulas.
- Precisei desaprender a idéia de que ensinar referia-se à matéria; precisei aprender que ensinar refere-se ao pensamento dos alunos. A maior parte dos conteúdos que os alunos aprendem são esquecidos assim que eles se formam (ou passam na prova). Precisei aprender a ajudá-los a pensar durante o trabalho do projeto e a decidir como ele se desenvolverá, e a não tomar todas as decisões por minha conta.
- Reorganizar o ambiente de aprendizagem significa deixar de ser "o sábio no palco" para ser o guia ao lado. Significa criar um ambiente mais cooperativo com os alunos, em que os projetos sejam uma responsabilidade mútua. Você

precisa repensar todo seu relacionamento com os alunos e se tornar mais um facilitador e treinador. Leve os problemas para os alunos decidirem, em vez de resolver os problemas e levar as soluções para os alunos. Faça com que o planejamento do projeto seja parte do programa de ensino. Parece que você está abrindo mão do controle, mas não está. Você ainda tem o controle final das coisas, mas decidiu quais decisões os alunos são capazes de tomar, e atribui a eles a responsabilidade sobre elas.

- A transição do foco no professor para foco no aluno exige enormes mudanças e pode ser frustrante porque existem muitas coisas novas a aprender. Estou começando a me tornar tão dependente dos meus alunos quanto eles de mim. No início do ano, os alunos são muito dependentes de mim. Ao final do ano, eu quero ser dependente deles.
- Tive que aprender a não dar as respostas e fazer mais perguntas aos alunos – eu queria responder a pergunta para eles. Eu também tive que aprender a não dizer aos alunos o que fazer. Você também precisa ignorar o que os outros professores pensam de sua classe caótica – os alunos se movimentam, vão à biblioteca, vão ao laboratório de informática.

Crie um ambiente físico que facilite o trabalho do projeto.

- Quando iniciamos projetos, crio espaços de trabalho em minha sala e me certifico de ter suprimentos básicos a serem usados por todos. (À medida que o projeto avança, os alunos às vezes trazem materiais adicionais de casa.) Você precisa de arquivos e caixas para guardar o material de cada aula. No fim da aula, eu digo aos alunos, "Todos os projetos precisam ser empilhados na mesa central", e depois eu os transfiro para áreas de armazenamento específicas para cada período. Não dê aos alunos a oportunidade de ter acesso a projetos de outro período.

FORMULE A QUESTÃO ORIENTADORA

- Em nossos projetos, temos uma única Questão Orientadora. Este ano foi: "As pessoas são influenciadas pela sociedade em que vivem ou a sociedade é influenciada pelas pessoas?". Os alunos subdividem essa questão em várias questões menores. Eles nos consultam, e temos que aprovar suas questões antes de eles começarem. Perguntamos se a questão reformulada levará à profundidade de compreensão que estamos procurando. Pedimos a eles que retornem várias vezes ao quadro-negro até acharmos que eles chegaram a uma subquestão que vai funcionar.
- Os professores precisam se sentir à vontade em não responder a questão. A principal finalidade de usar questões essenciais é estimular os alunos a ponderar idéias e questões que são intrinsecamente complexas, compreender que a pesquisa em busca de conhecimento é constante e não termina quando uma unidade ou o curso chegam ao fim.
- Todo aluno precisa ser capaz de se reportar à Questão Orientadora em algum nível. A questão deve suscitar múltiplas perspectivas que intriguem e envolvam um grupo diversificado de alunos.

- Gosto de reportar-me à Questão Orientadora a cada dia do projeto. Dessa forma, a questão se torna um diagnóstico para o projeto: estamos avançando em direção à resposta à questão?

PLANEJE A AVALIAÇÃO

Crie projetos que abordem padrões locais, estaduais e nacionais.
- Os padrões apropriados estão sobre minha escrivaninha o tempo todo. Nossos livros didáticos antedatam os padrões em dez anos; eles são apenas uma base de informações, e contêm o mínimo que se espera que os alunos aprendam. Queremos que nossos projetos ensinem aos alunos mais do que eles aprenderiam simplesmente lendo o texto.
- Padrões fazem parte de minha vida. Todos os professores precisam aceitar a idéia de que eles precisam focar seu ensino em estruturas e padrões. Eu defino padrões de desempenho no início do projeto e depois planejo as avaliações. Determine onde você quer que os estudantes cheguem. Depois, pense sobre quais indicadores você pode procurar e medir.
- Um projeto abre lacunas muito grandes [no programa da disciplina]; o estudo é profundo, e não amplo. Certifique-se de que os alunos se aprofundem em padrões essenciais ou em coisas importantes que eles precisam saber.
- Primeiro eu penso em uma idéia para um projeto. Depois eu penso sobre o que poderia compô-lo. Depois eu olho os padrões para ver o que deve ser abordado. (Eu estou preparando os alunos para provas e testes de desempenho, bem como de admissão a cursos superiores, por isso tenho que levar esses padrões a sério.) Eu também consulto a SCANS e *Hábitos mentais* de Art Costa. Então eu pego minha idéia e me pergunto: o que eu quero que os alunos sejam capazes de fazer ao fim do projeto, além de projetar uma ponte?
- Você precisa verificar os padrões para saber o que é preciso abordar durante o semestre. Depois você pode perguntar a si mesmo: "Qual é o melhor modo de abordar essa matéria? Um projeto funcionaria?".
- Padrões são escritos como se tudo fosse igual, e isso não é verdade. Antes de iniciarmos um projeto, examinamos o conteúdo do programa para o ano e priorizamos o que os alunos precisam compreender. Depois construímos projetos em torno dos objetivos de conteúdo sobre os quais queremos que os alunos tenham uma compreensão profunda e duradoura, ou em torno de um projeto pode alcançar múltiplos objetivos de conteúdo.

> **PLANEJE A AVALIAÇÃO**
> Certifique-se de que os alunos se aprofundem em padrões essenciais ou em coisas importantes que eles precisam saber.

Inclua os alunos no planejamento do projeto e no desenvolvimento de estratégias e roteiros de avaliação.
- Na medida do possível, envolva os alunos no processo de planejamento. Os professores podem fazer o planejamento em linhas gerais e pedir aos alunos

- que elaborem os detalhes. Monte um cronograma que mostre aonde você está indo e quando vai chegar lá.
- A primeira coisa que fazemos é determinar claramente o conteúdo do programa que o projeto vai abordar. Depois convidamos os alunos para uma discussão em conjunto. Como podemos abordar isso? Que habilidades temos que adquirir? Isso incentiva os alunos a aceitar o projeto. Depois examinamos os diferentes papéis necessários para completar o projeto, dividimos os alunos em equipes e atribuímos papéis. Fazemos acordos contratuais, e os alunos se comprometem explicitamente. Depois perguntamos como vamos saber se o projeto é bem-sucedido. Isso leva aos roteiros que criamos com os alunos. O envolvimento deles muda no decorrer do ano. No primeiro projeto, o professor faz mais; à medida que o ano avança, os alunos fazem mais.
- Para estudos sobre questões governamentais, primeiro pensamos com os alunos sobre sete ou oito tópicos que poderiam ser usados (por exemplo, falta de moradia, instalações escolares). Realizamos um debate com a classe para definir os critérios sobre o que queríamos obter com o projeto. Depois formamos grupos de especialistas para examinar os tópicos, e cada grupo avaliou se um projeto sobre determinado tópico poderia satisfazer os critérios que havíamos definido. Cada grupo fez um relatório, e reduzimos os possíveis tópicos para dois. Então, por votação de toda a classe, o tópico foi escolhido.

Deixe claras as expectativas.

- O melhor modo de analisar o trabalho realizado em um projeto é mediante o uso de um roteiro de avaliação. Os alunos devem ter conhecimento prévio sobre ele, e também devem participar do seu desenvolvimento e aperfeiçoamento. Os alunos devem ser capazes de descrever um roteiro em suas próprias palavras. Depois, durante o trabalho em um projeto, eles sabem o que estão buscando e tentando realizar. Eles têm um padrão que podem aplicar a seu próprio trabalho e à avaliação final.
- Quanto mais os professores e os alunos concordam sobre os critérios de avaliação antes de o projeto ser iniciado, e quanto mais transparentes forem tais critérios para os alunos – para que possam realmente entender quais são as características de um projeto excelente –, melhor.
- Os projetos costumam falhar porque nós (professores, diretores, pais) nos satisfazemos com muito pouco. Não nos empenhamos por rigor acadêmico e por uma autêntica experiência de aprendizagem. Precisamos exigir mais de nós mesmos e de nossas crianças.

Utilize modelos para dar exemplos de excelência.

- Os alunos só vão saber o que são padrões elevados se puderem vê-los. Pensei sobre como derivar modelos de excelência. Podemos usar trabalhos anteriores dos alunos ou trabalhos profissionais: projetos autênticos realizados por arquitetos, ou poemas escritos por algum poeta da cidade. É preciso ter modelos, do contrário os alunos não sabem pelo que estão trabalhando.

- Mostro a eles exemplos do que foi feito no ano anterior. Isso aumenta a qualidade dos projetos – os alunos querem fazer melhor do que os alunos do ano anterior. Minha preocupação era que os alunos simplesmente copiassem o trabalho dos alunos do ano anterior, mas o fato é que ver trabalhos realizados anteriormente gerava mais idéias.

As notas do projeto devem se basear em diversos critérios de fontes variadas.

- Utilizamos uma variedade de métodos de avaliação. Definimos roteiros com os alunos antes de iniciar. Utilizamos avaliações tradicionais para o trabalho oral e escrito. Atribuímos notas aos grupos dependendo de como a equipe se saiu. Damos notas individuais conforme as contribuições pessoais dos alunos a seus grupos. Fazemos os alunos darem uma nota para si mesmos e avaliarem sua contribuição pessoal. Também os observamos e classificamos suas habilidades de trabalho.
- Utilizo uma variedade de estratégias para atribuir notas. Todos recebem uma nota individual, assim como uma nota de grupo. Todos os alunos dão uma nota aos outros integrantes do grupo. Os trabalhos escritos e outros tipos de trabalho "acadêmico" recebem notas individualmente ao longo do caminho através de roteiros – mas essa não é considerada parte da nota do projeto. A nota do projeto depende das habilidades SCANS, da gestão individual e em grupo, da organização e prontidão e da apresentação final. A nota incentiva os alunos a observar o processo de como trabalharam juntos e o que foi realizado.
- É uma boa idéia dar tantas notas em um projeto de forma que o significado de uma nota isolada desaparece. Use 15 dimensões para avaliar um projeto. Analise essas dimensões com os alunos para assegurar que tudo foi incluído. Subdivida o projeto em várias áreas diferentes. Assim, os alunos não pensam nele como um projeto "A" ou "D".
- Não deixe de usar testes, redações ou provas ao fazer projetos. A pergunta importante é: que tipo de informação eles vão te dar? Eu uso pequenas provas, por exemplo, para verificar se os alunos entendem certas coisas, e assim eu posso avançar. Os alunos sempre vão ter que escrever redações. Utilize múltiplos critérios para procurar conteúdo e resultados de processo. Quando oferecer aos alunos uma descrição do projeto, explique o que será tarefa individual (avaliada individualmente) e o que será incumbência do grupo (em que cada integrante do grupo recebe a mesma nota). Além disso, faça os alunos atribuírem uma nota a si mesmos e aos outros integrantes da equipe. Em uma exposição, o público deve atribuir uma nota ao trabalho dos alunos.
- Por que o professor deveria ser o único a julgar se um projeto é bom ou não? Os alunos tendem a ser mais rigorosos do que eu nos projetos; eu costumo fazer uma combinação dos julgamentos deles com os meus para a avaliação final.
- Não traduza simplesmente seu roteiro em A, B, C, etc. Utilize um amplo espectro de critérios, incluindo critérios afetivos, para equilibrar as coisas.

A maioria dos professores dão um peso maior às contribuições individuais dos alunos do que ao produto da equipe ao calcular as notas.

- Preferimos notas individuais a notas para grupos. Os alunos querem saber como estão indo; eles querem ver seu desempenho pessoal recompensado.
- Minha nota tem 75% de componentes individuais e 25% de grupos. Todos os alunos no mesmo grupo recebem a mesma nota no produto final. Durante todo o processo, existem notas individuais, incluindo provas e testes, sobre conceitos importantes.
- Eu não acredito em notas de grupo. Os alunos não gostam porque alguém pode ganhar A sem fazer nada, enquanto outra pessoa pode ganhar C depois de ter feito todo o trabalho.
- Dou o mesmo peso da nota para o grupo e para os seus componentes individualmente. Os alunos precisam saber que o resultado da equipe é importante. Se os alunos souberem que serão avaliados no projeto como um todo, eles vão incentivar-se mutuamente a trabalhar.

MAPEIE O PROJETO

Fazer projetos não significa abandonar o modo tradicional de ensinar. Escolha uma combinação de estratégias de instrução baseadas nos resultados que você quer que os alunos alcancem.

- Se você fizer apenas projetos, alunos e pais vão reclamar que o professor não sabe nada e só manda os alunos fazerem as atividades. Você precisa de provas, aulas expositivas, vídeos.
- Podemos passar 40% do tempo em um ambiente de sala de aula tradicional e 60% trabalhando no projeto. Depois de estabelecer um objetivo de aprendizagem, você precisa determinar que estratégia de ensino melhor atingirá esse objetivo. Pense sobre o que funciona bem no ensino tradicional e o que você não quer perder. Às vezes aulas expositivas são apropriadas e o modo mais imediato de transmitir informações aos alunos.
- O que funciona melhor conosco é primeiro dar aos alunos instrução direta para comunicar as informações básicas que eles precisam saber para enquadrar e iniciar o projeto, e depois liberá-los para fazê-lo. Isso acelera o projeto.
- Se preciso dar informações necessárias rapidamente aos alunos (e economizar tempo para atividades mais importantes), eu o farei. Se um projeto exige certas habilidades e os alunos carecem de tais habilidades, eu vou remediar isso ao máximo. Uma vez eu parei o projeto e dei uma aula de leitura estruturada sobre como fazer buscas na internet.
- A ABP não é uma válvula que você liga ou desliga. Ela é um *continuum*. Você precisa desenvolver linhas de base de conhecimento, construir habilidades investigativas. Um projeto pode estar ocorrendo o tempo inteiro, mas em algum momento durante o processo, os alunos podem ler um livro-texto. Existem momentos em que a ABP é a melhor forma de ensinar um conceito

- mostrar como funciona um sistema, por exemplo, ou desenvolver um trabalho em equipe. Existem outras situações em que não faz sentido usar a ABP – por exemplo, durante o ensino de algoritmos específicos.
- Eu costumava ensinar todo o conteúdo e depois introduzir o projeto como uma atividade de aplicação. Isso não funcionou porque os alunos não retinham o conteúdo para tê-lo à disposição quando precisavam dele para o projeto. Agora eu começo o projeto e dou aos alunos um produto que eles precisam criar. Isso cria uma necessidade de saber.

Projetos levam mais tempo do que se espera. Reserve um tempo no final do projeto para estender as atividades.

- Quando faço um projeto, reservo algum tempo ao final caso seja necessário antecipar uma data. Não planeje uma exposição como exame final, pois, se houver atrasos, não haverá tempo para uma exposição.

Planejar um projeto é mais complexo do que planejar uma aula tradicional: não se apresse, redija seu plano, use modelos de planejamento.

- Inicialmente, levei muitas horas pensando sobre o planejamento do projeto. Eu precisava decidir o que queria que os alunos produzissem, que decisões eles tomariam. Um projeto envolvendo toda a escola é ainda mais complexo. É preciso realizar várias reuniões fora dos horários de aula, além de planejar durante as preparações rotineiras. Use papel-jornal para esboçar suas idéias, registrar a logística e planejar as reuniões e as viagens de campo. Quanto maior o número de pessoas envolvidas, maior a necessidade de fazer registros escritos.
- Eu sou do tipo "documento". Anoto tudo em grandes cadernos. Registro a questão essencial, depois as questões orientadoras, e depois os padrões de conteúdo. Gosto de escrever exatamente o que desejo que os alunos sejam capazes de saber e fazer ao concluírem o projeto. Isso facilita o acompanhamento do projeto e garante que os alunos se beneficiem significativamente com ele.
- Eu uso um padrão para organizar minhas idéias e registro meus planos por escrito. Consideramos o programa de ensino, o calendário, definimos o que queremos que os alunos saibam e sejam capazes de fazer, consideramos como o projeto vai beneficiar a comunidade fora da sala de aula, e depois fazemos um planejamento em sentido inverso: como viremos de lá para cá?
- Não subestime o valor das idéias de seus alunos: não planeje tudo de antemão. Fique aberto para as idéias deles e as incorpore. Deixe que eles tropecem e aprendam com seus erros em vez de dar-lhes apoio em tudo para que sejam bem-sucedidos. Crie experiências de aprendizagem nas quais eles possam assumir mais responsabilidade pelo

MAPEIE O PROJETO:
A ABP não é uma válvula que você liga ou desliga. Ela é um *continuum*. Você precisa desenvolver linhas de base de conhecimento, construir habilidades investigativas.

trabalho de aprendizagem do conteúdo e pela sua aplicação fora da escola. Isso produz alunos mais capazes e envolvidos em suas comunidades.

Pense cuidadosamente sobre o período de realização de um projeto.

- Projetos não devem substituir provas ou trabalhos escritos realizados periodicamente; se isso acontecer, muitas coisas poderão ser exigidas ao mesmo tempo, e isso é contraproducente.
- Quase todo mundo realiza projetos ao mesmo tempo. Os alunos reclamam que têm cinco projetos para concluir na mesma semana. Os professores devem conversar entre si e distribuir os projetos ao longo do ano. Isso resultaria em projetos de qualidade superior.

Use múltiplos meios para comunicar a natureza e objetivos do projeto aos pais.

- Os pais são envolvidos no planejamento de projetos e cursos do ano letivo e de verão. Realizamos uma reunião dos pais no outono (além da reunião regular de volta à escola) para discutir padrões para os trabalhos e projetos escolares. Queremos que a família entenda e aceite os padrões que definimos para o trabalho dos alunos. Enviamos material para casa e mantemos contato freqüente com os pais. Realizamos um jantar de trabalho dos professores ao final do ano letivo para o qual todos os pais são convidados.
- Publico os projetos no *site* de nossa escola na internet. Convido os pais para uma reunião inicial em que descrevo as metas e as expectativas de aprendizagem. Nesse momento, digo-lhes o que preciso deles e quando será o evento de fechamento. É importante ser honesto e deixar claro que esse trabalho será muito diferente do realizado em uma sala de aula tradicional. Ele exigirá que os alunos dêem telefonemas, escrevam cartas, conversem com pessoas na comunidade, se reúnam depois das aulas, etc.
- Chamo os pais antes do evento de visitação à escola (*open house*) e digo-lhes que espero que eles compareçam.
- Informamos os pais por meio de um boletim informativo, que colocamos na linha telefônica de informações e no *site*. Enviamos às casas uma carta com o cronograma do projeto, uma lista de pontos de checagem que informa os prazos de execução dos diferentes segmentos do projeto, uma lista de padrões pelos quais o projeto será avaliado, e um número de telefone para obter informações. Pedimos aos pais que assinem a carta e a devolvam para sabermos que eles estão cientes do que vai acontecer. Enviamos uma segunda carta com um convite para uma noite de apresentação perto do fim do projeto.
- No início do ano, envio uma descrição do projeto que vamos realizar e um folheto de trabalho voluntário dos pais. Embora os alunos estejam fazendo projetos em física, não é preciso saber física para apresentar-se como voluntário – os pais podem ensinar os filhos a usar o *Power Point*, por exemplo. Sempre faço os pais verem e analisarem criticamente a exposição prática que ocorre

cerca de uma semana antes da exposição final. Eles também fazem uma visita à escola, ocasião em que eu falo sobre os projetos e mostro os de anos anteriores.
- Temos conversas com os pais sobre as notas do primeiro período*. Nessas ocasiões, examinamos o programa. Os pais precisam entender o que os alunos estão aprendendo. Existem muitos mal-entendidos: "Eles concluíram a aprendizagem e agora vocês estão fazendo um projeto?". Você precisa demonstrar para os pais que os alunos estão aprendendo enquanto trabalham nos projetos.
- Ao conversar com os pais sobre os projetos, seja honesto sobre as mudanças que foram feitas em relação à amplitude e à profundidade do conteúdo abordado. Todo ensino (e projetos) exige mudanças. Os alunos aprendem menos conteúdo quando aprendem em profundidade. Os pais querem uma mistura de amplitude e profundidade. Eles não querem que o aprendizado de seus filhos se restrinja a um punhado de fatos. Querem que seus filhos pensem e raciocinem.
- Seja franco com os pais: diga-lhes como você estruturou a unidade para oferecer amplitude e profundidade, e o que você está disposto a deixar de fora.

Recorra aos pais e alunos para encontrar recursos comunitários e empresariais para seu projeto.
- Eu conto com os pais como contatos e os envolvo no estabelecimento de conexões com a comunidade e na descoberta de onde na comunidade o projeto poderia ocorrer. Eles têm mais flexibilidade fora da sala de aula. Eu também estimulo os alunos mais velhos a fazer contatos, falar com empresas e usar o telefone e o correio eletrônico.
- As empresas e outras organizações comunitárias muitas vezes não compreendem como são realmente as escolas e os alunos. Elas precisam aprender sobre a realidade das salas de aula para poderem oferecer auxílio significativo.
- Qualquer organização que queira trabalhar com uma escola precisa visitá-la e passar certo tempo com os alunos. Essas organizações precisam compreender a gama de potencialidades com as quais trabalhamos, a natureza da disciplina e a razão por que as escolas são estruturadas como são. É bom teorizar, mas, quando eles estão diante de uma classe de alunos de sétima série, eles vêem se estão dispostos a ajudar e que tipos de coisas poderiam fazer. É frustrante reunir-se com pessoas que querem ajudar nas escolas, mas não compreendem as crianças.
- Nem todos se tornam efetivos como recursos. Cada pessoa tem coisas diferentes a oferecer.
- Se possível, encontre-se pessoalmente com a pessoa de quem você quer ajuda no projeto. Pense sobre quem é um especialista, quem pode visitar sua classe e envolver os alunos, e quem é um especialista mais preparado para responder perguntas – por correio eletrônico, por exemplo. Quando especialistas fizerem uma visita, prepare os alunos para isso.
- Treine os alunos para interagir com membros da comunidade. Eles precisam entender como obter verbas e apoio para projetos futuros.

*N. de R.T
First-quarter, no original. Embora haja variações, o mais comum é que o ano escolar, nas escolas norte-americanas, compreenda 180 dias letivos, divididos em dois semestres de 90 dias cada. Cada semestre é ainda subdividido em dois períodos (*quarters*) com 45 dias cada. (Colaboração: Dr. John R. Mergendoler, diretor executivo do BIE).

Não traga especialistas para a sala de aula antes de os alunos precisarem do seu conhecimento para avançarem.

- Deixe que os alunos se frustrem tentando responder a uma pergunta que esteja fora de sua capacidade de compreensão, e depois traga o especialista. Ele será tratado como herói.

Horários em bloco facilitam o trabalho em projetos e a cooperação dos professores.

- Horários em blocos são extremamente importantes, assim como espaços flexíveis em sala de aula e computadores. Também temos um sistema de permissão permanente para que os alunos possam descer para a biblioteca e circular pela área da escola.

Projetos interdisciplinares que envolvem múltiplos professores exigem comunicação e coordenação amplas.

- Horários de planejamento comuns, oportunidades para reflexão estruturada sobre a formulação do projeto, grupos de pesquisa de professores investigando o trabalho e os projetos dos alunos e horários de planejamento durante o verão* são apoios importantes para os projetos.
- Constatei que um projeto colaborativo funcionava melhor quando outro professor e eu trabalhávamos com a mesma classe por períodos seguidos (um bloco *de facto*). Também tínhamos períodos comuns para planejamento.
- Realizamos reuniões depois das aulas, tentando reunir o maior número possível de professores. Todos têm oportunidade de ajudar a formular e a implantar o projeto. Nossos projetos possuem quatro disciplinas principais : matemática, comunicação e expressão, estudos sociais e ciência. Juntos, planejamos o cronograma, os produtos finais, os padrões, os pontos de verificação e a estratégia de avaliação.
- Tive que aprender a compartilhar desde cedo com os outros professores da escola o que estávamos fazendo. Mostrávamos a eles o trabalho dos alunos como um modo de conversar sobre ensino e aprendizagem. A maioria dos professores não fala muito sobre isso. Precisamos permitir que os dissidentes fizessem perguntas francas e tínhamos que lhes dar respostas honestas. Como professores, estávamos acostumados a fazer as coisas da forma como queríamos, e por isso precisamos aprender a trabalhar uns com os outros.
- Em nossa escola, trabalhamos todos na mesma área física e estamos sempre conversando sobre projetos e reformas educacionais. Realizamos sessões formais de planejamento às quartas-feiras (30 minutos) e sextas-feiras (30 minutos). Fazemos ajustes diariamente.

---

*N. de R.T
Planejamento das atividades do próximo ano letivo durante as férias de verão, entre meados de junho e final de agosto, aproximadamente.

Projetos levarão mais tempo – ou terminarão mais cedo – do que você imagina.

- O cronograma que você monta nunca é o que você segue. É preciso experiência para saber quanta flexibilidade dar aos alunos e quando tocar o processo para frente. Se os projetos nunca terminam, os alunos perdem o interesse e a concentração. Você precisa saber quando pressionar e manter as datas-limite e quando relaxar e dizer "vamos esperar mais uma semana".
- Durante o planejamento de um projeto, separe alguns dias e inclua um excesso de 20%.
- É preciso manter um cronograma flexível. As condições climáticas podem não cooperar. Os alunos podem concluir as tarefas mais rápido do que você pensa. Às vezes os alunos acham que terminaram e você não. Tivemos que estender o projeto ou devido a permissão de entrevistas com especialistas ou a problemas técnicos. Idealmente, o projeto é uma extensão de outros tipos de aprendizagem, e assim é possível reforçar o aprendizado da matéria enquanto não se pode trabalhar no projeto.

> **MAPEIE O PROJETO:**
> Tive que aprender a compartilhar desde cedo com os outros professores da escola o que estávamos fazendo. Como professores, estávamos acostumados a fazer as coisas da forma como queríamos, e por isso precisamos aprender a trabalhar uns com os outros.

GERENCIE O PROCESSO

Ao iniciar o projeto, certifique-se de que todos os alunos estejam no caminho certo.

- O primeiro dia do projeto é um aquecimento. Faço os alunos levantarem todas as questões e elaborarem um plano de pesquisa. Eu não os envio à biblioteca até ter certeza de que eles sabem por que estão indo lá. Antes de ir a qualquer lugar fora da sala de aula, organizo o tempo deles: "Eis seu tema de pesquisa para hoje. Vou verificar as anotações de vocês no final da aula".
- Faço uma reunião particular com cada grupo para que iniciem enquanto o resto da classe está envolvida com uma tarefa de leitura. Discuto com eles as questões de pesquisa de cada grupo. Os alunos muitas vezes não sabem o que é uma boa questão de pesquisa. Você precisa informá-los, caso tenham formulado uma questão que é muito difícil de pesquisar. Eu digo: "Vocês podem tentar, mas eis minhas sugestões".
- No início de um projeto, temos um produto a ser concluído após cada sessão de trabalho. Se for um período de pesquisa de uma hora e meia, pedimos a eles que apresentem um relato oral em grupo sobre o que aprenderam. Ou então pedimos que redijam um plano de ação. Depois de estarem acostumados com nossas expectativas, permitimos que eles trabalhem dois períodos para então pedir um relatório.
- Os projetos muitas vezes fracassam porque os professores não dão o devido suporte aos alunos. É preciso pensar bastante sobre como dar suporte a eles

por meio de orientação e instrução. Eles precisam de valores e padrões de referência, talvez até de modelos.

Adapte suas estratégias de formação de grupos às necessidades do projeto.

- Utilizamos diversas estratégias de formação de grupos ao longo do ano; às vezes o professor escolhe os membros dos grupos, às vezes os próprios alunos o fazem. Geralmente usamos grupos heterogêneos. Agrupar alunos de melhor desempenho acadêmico com alunos menos bem-sucedidos estimula estes últimos sem prejudicar os alunos mais adiantados. Isso também torna a escola mais agradável, porque os alunos fazem novos amigos. Inicialmente permitimos que eles escolham seus grupos, mas estamos sempre redefinindo as equipes. Os alunos mudam no decorrer do ano; as pessoas mudam de amigos.
- Um tipo de estratégia de formação de grupos – por exemplo, alunos que são amigos e querem trabalhar juntos – funciona bem em uma tarefa que envolve muito tempo fora da escola. Um tipo diferente de grupo é necessário se a tarefa é complexa e exige outros tipos de habilidades – por exemplo, pesquisar um tema complexo e criar relatórios multimídia e escritos. Durante a formação de grupos, pense nas habilidades necessárias para realizar a tarefa em questão.
- Primeiro é preciso pensar sobre o propósito de formar grupos. Sempre controlamos características de grupo. Tínhamos alunos das duas séries finais do ensino médio. Queríamos os mais velhos (alunos mais experientes com projetos) agrupados com os mais jovens para que ensinassem a eles como fazer as coisas. Outros professores pedem a cada aluno que escolha outro aluno para formar uma dupla, e os professores reúnem duplas diferentes para formar grupos de quatro. Desse modo, alunos e professores têm controle sobre a formação de grupos. Minha experiência geral é que grupos de três a quatro pessoas funcionam melhor.
- Antes de formar os grupos, pense sobre por que você está fazendo isso. Faça parecer aleatório, mas use formas "invisíveis" de manipulação: escolha técnicas "aleatórias" que separem alunos problemáticos. (Fazendo o grupo parecer "aleatório", você se exime de parte da responsabilidade.) Selecione qualidades dentro dos grupos, mas não permita que os alunos exercitem apenas suas qualidades. Faça os alunos pensarem sobre suas qualidades e dificuldades: aborde suas dificuldades, e não apenas celebre suas qualidades.
- Agrupamos os alunos em equipes de especialistas que investigaram áreas diferentes e assim se tornaram especialistas. Depois formamos novas equipes com um aluno de cada equipe de especialistas. Assim, cada nova equipe tinha um especialista em cada uma das áreas originalmente investigadas.
- Os professores conhecem os alunos mais do que ninguém, e estão em melhor posição para decidir como agrupá-los com base nos objetivos do projeto. Pode-se agrupar os alunos assertivos em um grupo, depois subdividir os alunos restantes de acordo com a quantidade de apoio que vão necessitar do professor. Pode-se agrupar por sexo. Pode-se agrupar por capacidade – formando um grupo heterogêneo com um aluno de cada nível (alto, médio e baixo). Se

todos os alunos vão fazer todo o trabalho, então não há motivo para agrupar alunos a não ser para oferecer um modo de partilhar idéias.
- Quando chega a hora de trabalhar em grupos em um projeto, penso sobre por que estou formando os grupos e o que o grupo precisa realizar. Minha experiência é que, se você permite que os alunos escolham seus próprios grupos, haverá alguns grupos fortes e maduros e outros imaturos e confusos. Os grupos fortes acabam dominando a cena. Não quero que isso aconteça.
- Quero que haja rodízio e compartilhamento da liderança. Quando chegou a hora de fazer testes na água em um córrego próximo, formei equipes de campo constituídas de líderes, de alunos que precisavam ser conduzidos, alunos bons conceitualmente e alunos fracos. Eles reclamaram, mas o projeto em si – testar a água – era tão estimulante que eles não se queixaram muito. Outra parte do projeto requeria que os alunos trabalhassem juntos por várias semanas, colocando dados em planilhas, pensando sobre coisas, compartilhando idéias. Decidi que não haveria problemas se eles ficassem com seus amigos, mas não queria que eles simplesmente escolhessem seus amigos, pois alguns alunos não seriam escolhidos. Assim, eu os fiz se candidatarem para trabalhar uns com os outros. Então examinei suas escolhas e montei os grupos. Pude assim colocar os alunos pouco populares ou comportamentalmente problemáticos em grupos apropriados.
- Por estar em uma situação socioeconômica desafiadora em que o transporte é um problema, os alunos trabalham fora da escola, e precisam entrosar seus horários para encontrar tempo para trabalharem juntos. Constatei que existem menos dificuldades quando eles formam grupos que permitem que as pessoas se reúnam. Apesar de permitir que os alunos escolham seus parceiros, acho importante que os alunos no grupo tenham diversas habilidades. Em sua primeira reunião de grupo, solicito a eles que façam um inventário de seus pontos fortes e fracos. Depois digo-lhes o que terão que ter capacidade de fazer para realizar o projeto de forma bem-sucedida, e depois pergunto aos grupos se eles têm o conjunto de habilidades necessárias. Às vezes os grupos são reestruturados para que tenham as habilidades das quais carecem.

Planeje a acomodação das necessidades dos diversos alunos.
- Executo um projeto em grupo para que haja tempo para superação de dificuldades entre alunos que não se adaptam a trabalhar com projetos.
- Podemos cobrir o material de um semestre com aulas e discussão em menos de 18 semanas, mas se você separar tempo para que os alunos trabalhem em seu projeto, assim como para assimilar o material, isso toma o semestre inteiro. Enquanto estamos trabalhando, dou especial atenção a alguns alunos e apenas direciono os outros para recursos. Também faço os alunos montarem um *portfolio* que possa ser consultado quando eles precisam de alguma coisa que já estudamos.
- Os alunos podem obter ajuda de outros membros do grupo, eles podem ir até o professor e dizer que precisam de ajuda, ou eles podem pedir tempo para visitar a biblioteca.

- É preciso partir de onde os alunos estão e aceitar isso. Depois pode-se medir o quanto eles cresceram. Um estudante F pode aprender mais do que um estudante A. Tente encontrar áreas em que os alunos possam mostrar seu valor.
- Tente tornar possível que os alunos tenham certo tempo para trabalhar com seus amigos ou em um assunto pelo qual estejam especialmente interessados.
- Tipicamente formamos grupos levando em conta com quem os alunos gostariam de trabalhar, mas às vezes fazemos trocas. Nem todos conseguem sua primeira escolha. Os alunos apresentam sua primeira e segunda opções de parceiros, e então equilibramos os grupos para obter as qualidades necessárias.
- Apresentamos uma lista de assuntos e pedimos aos alunos que os classifiquem. Formamos os grupos de modo que todos os alunos trabalhem em algo que queiram, mas eles não trabalham necessariamente com quem desejam.

Se determinados componentes do grupo não fazem a sua parte, exclua-os!

- Às vezes permito que os grupos "demitam" membros. É como um negócio – o projeto tem precedência sobre todo o resto. Uma vez fora da equipe, os alunos precisam praticar mais atividades tradicionais. Se um aluno não está funcionando em um grupo, retire-o do grupo. Isso pode ajudar o projeto atualmente em andamento, mas o mesmo problema pode surgir com o projeto seguinte.

Se determinados componentes do grupo não estão trabalhando, converse com eles (e com seus pais) sobre seu comportamento.

- Quando um aluno reclama que outro aluno no grupo não está trabalhando, reúno todo o grupo e digo: "Percebi que vocês não estão fazendo todos a mesma coisa. Vamos renegociar o cronograma. (Renegociar significa 'apertar'.) Em tal data (no futuro próximo), vocês virão na hora do almoço e eu vou lhes dar uma nota para o que já terminaram".
- Quando necessário, chamo os pais para lhes informar sobre o que está acontecendo com o projeto (e, às vezes, dizer-lhes que seu filho perdeu algumas avaliações). Lembro os pais de que é responsabilidade do aluno acompanhar o projeto, e peço sugestões sobre o que podemos fazer para ajudar a criança a administrar-se melhor. Para algumas crianças, nem isso funciona. Acredito que a escola intermediária é uma época para os alunos fazerem, e se eles escolhem fracassar, dou-lhes uma nota baixa.
- Nunca encontrei um grupo em que todos faziam sua parte. Esse não é um problema só de estudantes. Os alunos precisam saber que podem pedir sua intervenção se não puderem resolver as coisas sozinhos como membros do grupo. Isso é algo que deve ser abordado cedo pelo grupo e pelo professor, se necessário.

- É inevitável que nem todos no grupo façam sua parte. Lido com isso provocando reflexões e críticas individuais e em grupo sobre processo e produto. Eu não quero descobrir dois meses depois que alguém não está trabalhando. Eu tento usar pressão social: os grupos precisam se apresentar e falar sobre onde estão e o que estão descobrindo. Se alguém não está fazendo sua parte, isso vai aparecer. Existem vários pontos de verificação, e assim posso garantir que as pessoas estejam no caminho.
- Você não pode simplesmente chegar e dizer a um aluno: "Você precisa começar a trabalhar". Ele vai simular que está trabalhando enquanto você está presente e depois vai parar. Se você perguntar por que ele não está trabalhando, talvez ele diga, talvez não. É uma arte refinada trabalhar com e motivar uma pessoa. Basta usar todas as ferramentas que puder. Você pode pedir que todos se sentem e perguntar ao grupo: "Como faremos vocês continuarem trabalhando? Estive observando vocês por dois períodos e não vi nada acontecendo. O que faremos em relação a isso?". Depois de identificar as questões, você pode trabalhar com os alunos usando conversação e encorajamento. Ninguém quer fracassar, a menos que esteja enfrentando problemas emocionais graves. Se você não conseguir que um grupo retome o trabalho, pergunte novamente: "Existe um modo alternativo, individual, de trabalhar neste projeto que possa demonstrar que vocês aprenderam a matéria?". Os alunos geralmente preferem não trabalhar sozinhos porque não é tão divertido quanto trabalhar em grupo.

Acompanhe a evolução de cada grupo.
- Administro os grupos andando sem parar – é como ter dez panelas no fogão e tentar mexer em todas elas. Os alunos trabalham em computadores em pontos diferentes da escola. Eu circulo, vejo o que eles estão fazendo, "apago incêndios". Não existe mágica, a não ser saber quais grupos necessitam de mais orientação e quais são mais independentes.
- Administro os grupos estabelecendo pontos de referência e prazos bem claros e realizando reuniões rápidas com eles regularmente. Alguns professores separam um dia da semana para uma discussão conduzida pelos alunos sobre o andamento do trabalho, problemas e oportunidades.
- Uma abordagem é fazer os grupos completarem um formulário de planejamento que sonde o que pretendem fazer durante um determinado período de tempo, de que recursos vão necessitar, como avaliarão sua evolução e assim por diante, e depois o professor conversa com cada grupo usando o formulário de planejamento. Constatei que cartões de 8x12 cm são práticos para registrar observações da evolução e dos problemas do grupo, assim como listas de verificação em pranchetas. Alguns alunos e grupos podem ter a responsabilidade de auto-reflexão e de gerenciamento ou redirecionamento de suas atividades. O objetivo da boa administração é trabalhar de modo mais

GERENCIE O PROJETO:
Nunca encontrei um grupo em que todos faziam sua parte. Esse não é um problema só de estudantes. Os alunos precisam saber que podem pedir sua intervenção se não puderem resolver as coisas sozinhos como membros do grupo.

inteligente, e não com mais afinco. Não há receita para isso. Você precisa descobrir o que vai funcionar em sua classe com seus alunos. Se os alunos não têm um nível razoável de autocontrole, você não vai conseguir conversar separadamente com grupos, porque isso significa dar as costas para os outros grupos. Provavelmente você não vai ter êxito na primeira vez, e então você deve estar preparado para reajustar sua estratégia de administração dos grupos. É muito enriquecedor para os alunos quando eles vêem que os adultos também precisam ajustar suas estratégias quando elas não funcionam.

- Tenho uma pasta para cada grupo que informa o que está acontecendo. Ela diz o que o grupo fez em cada dia e o que o grupo vai fazer amanhã. Os grupos também possuem pastas que registram o que eles têm que fazer, o que eles precisam realizar. Quando me encontro com os grupos, examinamos o trabalho nas pastas, comparamos o que eles fizeram com o que disseram que iriam fazer, e avaliamos a qualidade do trabalho concluído.

Certifique-se de que os grupos acompanhem sua própria evolução.

- A maioria de minhas reuniões com grupos ocorrem fora de aula. Peço aos grupos que mantenham um registro escrito de quem estava presente, do que foi feito e da pauta para a próxima reunião. Verifico tudo isso quando me reúno com o grupo.

Mantenha registros públicos da evolução do grupo.

- Mantenho públicos meus registros para que os alunos tenham posse deles. Uso listas de verificação que descrevem cada componente em um projeto. (Um aluno terá que concluir de oito a dez componentes para completar o projeto.) Quando eles completam cada componente de modo satisfatório, ele é ticado. Um aluno é encarregado de registrar o andamento do trabalho. Faço uma reunião da classe e peço ao encarregado do registro que nos informe sobre onde todos se encontram. Por ser público, não há como se livrar da responsabilidade, e os alunos pressionam uns aos outros. Não sou só eu a "importunar" os alunos.
- Em um dia típico, passamos cinco minutos estabelecendo os objetivos do período, depois duas horas trabalhando, e de cinco a dez minutos no final do período conferindo o que o grupo fez. Esperamos que os grupos sejam capazes de dizer que descobriram alguma coisa, e se atingiram ou não os objetivos que haviam estabelecido.
- Gosto de usar recursos gráficos que mostrem a evolução de cada grupo para toda a classe. Todos podem se aproximar e ver onde os grupos se encontram e o que realizaram. Essa é também uma forma de mostrar aos grupos que eles estão em uma base comum (ou já realizaram algo importante) e assim estimular a cooperação entre grupos e o compartilhamento de recursos.

A internet é apenas uma fonte de informações. Os alunos muitas vezes precisam de ajuda para usá-la.

- A internet é uma fonte fundamental, mas a biblioteca da escola ou o centro de multimídia muitas vezes têm melhores informações do que ela. O bibliotecário ou instrutor de multimídia precisa ser um parceiro de projeto, participando desde o início e sabendo qual será seu papel e como eles podem ajudar.
- Os alunos precisam aprender a encontrar informações na internet de maneira eficiente. Para nossos projetos, não deixamos os alunos livres dizendo: vão procurar alguma coisa. Primeiro, investigamos os *sites* que podem ser úteis e depois fazemos uma lista de *sites* de onde os alunos podem partir. Se não for assim, eles perdem muito tempo em tentativas fracassadas.
- Muitas vezes os alunos encontram os *sites*, mas não têm conhecimento e vocabulário para compreender o que estão vendo. É preciso orientá-los. Eles não sabem que a qualidade das informações disponíveis na internet varia imensamente.
- É preciso trabalhar com os alunos para que eles avaliem a qualidade das informações disponíveis e considerem múltiplas fontes para ver se elas concordam entre si. Em geral, os alunos tendem a usar a internet e ignorar fontes impressas.

A tecnologia pode ser uma ferramenta poderosa. Mas ela pode falhar e te deixar em dificuldade.

- É útil ter especialistas técnicos à disposição; problemas de funcionamento podem causar atrasos. Você precisa testar pessoalmente a tecnologia antes de pedir aos alunos que a usem. Você pode facilmente perder um período inteiro quando a tecnologia não funciona como você esperava.
- É melhor ter à disposição um profissional que possa resolver problemas técnicos. Se o laboratório ou computador deixar de funcionar, e você não souber como resolver o problema, o trabalho dos alunos poderá ser perdido. A tecnologia é algo incerto. Se você não a conhece, é melhor ter alguém que conheça. Não adianta a tecnologia ser fabulosa se o resultado é total frustração e nenhuma aprendizagem.

> **GERENCIE O PROCESSO:**
> É importante não deixar que "sinetas e apitos" sejam o foco central do projeto. Os conteúdos se perdem se for dada excessiva ênfase à tecnologia.

Pense sobre como a tecnologia pode tornar seu projeto mais efetivo. Não use a tecnologia cegamente.

- Deixe que a essência do projeto decida como a tecnologia deve ser utilizada. Não pense que um projeto precisa de tecnologia para ser bem-sucedido; a experiência na comunidade é mais importante do que a tecnologia.
- É importante não deixar que "sinetas e apitos" sejam o foco central do projeto. Os conteúdos se perdem se for dada excessiva ênfase à tecnologia. A pergunta importante é: o que pode ser feito utilizando-se uma ferramenta tecnológica

(ou outra qualquer)? Por exemplo, fizemos os alunos usarem um programa de autoria para criar uma apresentação interativa baseada em computador sobre um poeta norte-americano do século XX. Os usuários podiam escolher a história acadêmica, a biografia do poeta, a análise dos alunos de seus poemas, um vídeo sobre o poeta, e depois inserir seus comentários pessoais sobre a apresentação. Este é um exemplo em que a tecnologia nos permitiu criar um produto que não poderia ser criado sem ela.

- Se você vai incluir tecnologia, é preciso separar tempo para que os alunos a aprendam. Estabeleça quantidades de tempo limitadas e específicas para o trabalho em laboratório. Estabeleça uma tarefa para cada período de trabalho no laboratório – não deixe os alunos por conta própria. Faça-os entregar um breve relato do que pretendem fazer antes de deixá-los usar o computador.
- Utilize tecnologia somente quando for apropriado. Certifique-se de que o computador pode fazê-lo melhor. Certifique-se de que as fontes de informação são adaptadas às informações necessárias. A internet pode não ser tão boa quanto a biblioteca para informações sobre um explorador do século XVI.

Não tenha receio de cometer erros.

- Não existe um modo predeterminado para fazer projetos. Não tenha medo de cometer erros. Inicialmente eu achava que estava prestando um desserviço aos alunos caso tentasse alguma coisa que não funcionasse. Hoje percebo que é melhor cometer um erro e conversar com os alunos sobre o que precisa ser feito para corrigir o problema. Isso também aperfeiçoou meu relacionamento com os alunos – agora há mais cooperação.

Não tenha receio de fazer correções no meio do projeto.

- Quando é evidente que os alunos estão perdendo algo que precisam saber para o projeto, fazemos uma reunião com toda a classe e dizemos: "Bom, constatamos que vocês estão perdendo informações essenciais, então vamos usar o dia de hoje com instrução direta sobre esse conteúdo". É importante ser transparente com os alunos: se deixamos de fazer algo, vamos fazê-lo agora.
- Se coisas fundamentais não estiverem compreendidas, dê uma parada e diga: "Hora de fazer uma correção". Você pode querer dar uma aula, ou realizar uma discussão entre os alunos sobre um livro importante. Por meio de um modelo de avaliação para verificações periódicas do professor e dos próprios alunos, é possível saber se o projeto está evoluindo como planejado. Se os alunos não estão aprendendo alguma coisa, aborde-a.
- Às vezes faço mudanças importantes em meus projetos quando eles estão a meio caminho. Os alunos podem perceber que não é possível fazerem o que querem fazer. Ou eles percebem que querem que seu projeto seja mais complexo e inclusivo do que originalmente planejaram. Nesses casos, reorganizamos o cronograma e damos aos grupos mais tempo para refazerem seus projetos.
- Quando surge um problema, realizo uma reunião de classe para analisar o acontecido e reavaliar o projeto. Isso amplia a relação aluno/professor e permite

um novo começo. Às vezes é difícil enfrentar o fato de que seu projeto não está funcionando como planejado, mas é preciso encarar a realidade, reconhecer a falha e convertê-la em êxito. Concentre-se em por que a falha ocorreu, e ajude os alunos a superar o que lhes estiver impedindo (por exemplo: gerenciamento do tempo, organização, diligência, habilidades de escrita, etc.).
- Iniciado um projeto, você pode perceber que alguns grupos não vão completá-lo como você esperava. Negociamos então o que é fundamental fazer e o que seria interessante fazer. Às vezes os projetos não dão certo por fatores fora do controle do professor. Parceiros de correio eletrônico param de responder. Ocorrem falhas de tecnologia. É importante que os grupos expliquem ao público, na apresentação final, por que não conseguiram chegar às metas que tinham sido estabelecidas. Tipicamente, correções a meio caminho não têm tanta importância, pois você vai mantendo conversas com alunos ou individualmente ou em grupos, e isso permite que você aborde e resolva problemas quando eles ainda são pequenos.

Analise o projeto concluído com a classe e faça anotações para aperfeiçoamento.
- Geralmente faço duas perguntas quando o projeto está concluído: 1) como você acha que este projeto contribuiu de maneira duradoura para você como aprendiz? e 2) como você acha que este projeto contribuiu de maneira duradoura para a comunidade? Também utilizo uma caixa de sugestões e solicito sugestões da platéia, dos alunos ou de observadores sobre como poderíamos melhorar as coisas.
- Mostro aos alunos bons modelos de reflexão que outros alunos fizeram. Depois de entenderem o que é reflexão de qualidade, peço-lhes que reflitam sobre seu trabalho. A última parte da reflexão pede-lhes que selecionem cinco projetos realizados por outros alunos na classe e descrevam o que os impressionou nesses projetos. Saliento que se eles sempre escolherem projetos feitos por seus amigos, não estarão sendo honestos. Os alunos nem sempre gostam de escrever sobre o que fizeram, mas eles adoram escrever sobre outros projetos dos quais gostaram e por que gostaram.
- Conversação e reflexão em voz alta são essenciais. Muitas vezes não sabemos sobre o que estamos pensando até enunciá-lo em voz alta. É preciso pensar e responder a pergunta: "Por que isso não funcionou?".
- Ao final de um projeto, passamos a metade de um período ou mais conversando sobre o que estudantes conseguiram fazer. Isso é muito importante depois de um projeto tecnológico no qual os alunos trabalham muito por cinco dias, mas que não demonstram muito entusiasmo. Apenas olhando, não é possível saber se eles trabalharam com afinco ou se fizeram de qualquer jeito. A reflexão é importante também para que os alunos identifiquem o que não deu certo, para que eles lhe contem coisas que querem que você saiba quando estiverem sendo avaliados, e para descobrir como eles avaliariam a si mesmos e a seus colegas e por quê. Essa é igualmente uma boa oportunidade para os alunos expressarem suas queixas.

- Os alunos sempre perguntam se o assunto vai cair na prova ou quantos pontos vale. A reflexão após a conclusão do projeto é um modo de transferir o foco de discussão para "Eis um produto final. Você se sente orgulhoso dele? Ele é o que você se propôs a fazer? Como ele poderia ser aperfeiçoado? Como as atividades poderiam ter dado melhor sustentação ao projeto?". A reflexão da classe também fornece um retorno para o professor. Talvez devêssemos ter conversado sobre alguma coisa mais cedo em vez de esperar até a última semana. Os alunos vão realizar projetos a vida inteira. Eles precisam de uma chance para pensar sobre o que fizeram e como podem fazê-lo melhor.
- Faço os alunos comunicarem por escrito o que pensam em uma sessão especial para isso, utilizando folhas de papel auto-adesivo para anotações. Eles escrevem comentários, circulam e afixam suas observações escritas nos projetos dos outros alunos. Também avaliamos o projeto como classe inteira, tanto o processo do projeto quanto os resultados. Os alunos também escrevem sobre o próprio projeto, o que funcionou, o que fariam de outra forma para obter as informações de que precisavam. Tenho um formulário de análise crítica de projetos em que os alunos têm espaço para falar sobre como as diversas partes do projeto funcionaram.
- Também faço minhas próprias anotações sobre o que não usaria no ano seguinte ou onde necessito de recursos adicionais. Guardo as folhas de retorno dos alunos em um fichário. Releio esse material durante o verão quando estou planejando o trabalho do ano seguinte.
- Os professores não dedicam tempo e energia ao real questionamento do que fizeram, como foi a aprendizagem, o que os alunos consideraram importante. É preciso tempo para entender o que foi feito.

Reflexão sobre a Questão Orientadora.
- A análise da Questão Orientadora na conclusão de um projeto é uma ótima forma de aumentar a aprendizagem e a retenção. Além disso, ela faz os alunos pensarem sobre as grandes questões da vida e sobre como sua resolução pode ser um desafio.

AGRADECIMENTOS

Além de John Thomas, Ph.D., gostaríamos de agradecer às seguintes pessoas por sua contribuição com comentários de professores:

Clarence Bakken
Ron Berger
Bill Bigelow
Will Fowler
Stepahn Knobloch
Kate McDougall

Dave Moore
Adria Steinberg
Michelle Swanson
Leslie Texas
Melissa Wrinkle

FORMULÁRIO DE PLANEJAMENTO DE PROJETO

COMECE COM O FIM EM MENTE

FORMULE A QUESTÃO ORIENTADORA

PLANEJE A AVALIAÇÃO

MAPEIE O PROJETO

GERENCIE O PROCESSO

Implementação de projetos

Sumário

COMECE COM O FIM EM MENTE   194

FORMULE A QUESTÃO ORIENTADORA   195

PLANEJE A AVALIAÇÃO   196

MAPEIE O PROJETO   198

GERENCIE O PROCESSO   200

FORMULÁRIO DE PLANEJAMENTO DE PROJETO

O formulário de planejamento de projeto a seguir pode ser utilizado para planejar seu projeto. Ele também está disponível no *site* do BIE: *www.bie.org*.

FORMULÁRIO DE PLANEJAMENTO DE PROJETO

Título do projeto: _____

Professor(es): _____

Escola: _____

Série(s): _____

Matérias: _____

**APRENDIZAGEM BASEADA
EM PROJETOS**
Buck Institute for Education

Comece com o fim em mente

Resuma o assunto ou as principais idéias para esse projeto.
Identifique os padrões de conteúdos que os alunos aprenderão neste projeto (dois ou três por matéria).
Identifique as habilidades fundamentais que os alunos vão adquirir neste projeto. Relacione apenas as habilidades que você planeja avaliar (duas a quatro por projeto).
Identifique os hábitos mentais que os alunos vão praticar neste projeto (um ou dois por projeto).
Identifique os resultados no nível de distrito ou de escola a serem incluídos neste projeto.

● *O projeto satisfaz os critérios para a ABP focada em padrões?*

Formule a questão orientadora

Formule a questão essencial ou enunciado do problema para o projeto. O enunciado deve abranger todo o conteúdo e os resultados do projeto e oferecer um foco central para a investigação dos alunos.

- *Você propôs um problema autêntico ou questão significativa que envolve os alunos e exige conhecimento básico do assunto para ser resolvida ou respondida?*

Planeje a avaliação

Primeiro passo – defina os produtos e os artefatos para o projeto:

Início do projeto:

Fase intermediária do projeto:

Final do projeto:

Continua...

Planeje a avaliação (continuação)

Segundo passo – Especifique os critérios para execução exemplar de cada produto:

Produto:
Critério:

Produto:
Critério:

Produto:
Critério:

Produto:
Critério:

- *Os produtos e os critérios estão alinhados com os padrões e resultados do projeto?*

Mapeie o projeto

Observe um dos principais produtos do projeto e analise as tarefas necessárias para gerar um produto de alta qualidade. O que os alunos precisam saber e ser capazes de fazer para completar as tarefas com êxito? Como e quando eles vão adquirir os conhecimentos e as habilidades necessárias?

Produto:

(marque o espaço apropriado)

CONHECIMENTOS E HABILIDADES NECESSÁRIAS	JÁ APRENDERAM	ENSINADO ANTES DO PROJETO	ENSINADO DURANTE O PROJETO
1.			
2.			
3.			
4.			
5.			
6.			
7.			
8.			
9.			
10.			
11.			

Que ferramentas você vai utilizar?

- ☐ Listas de sabe/precisa saber
- ☐ Planilha de metas diárias
- ☐ Diários
- ☐ Descrições
- ☐ Listas de tarefas
- ☐ Registro de problemas

- ☐ _____
- ☐ _____
- ☐ _____
- ☐ _____
- ☐ _____
- ☐ _____

• Os produtos e as tarefas dão a todos os alunos oportunidade de demonstrar o que aprenderam?

Continua...

Mapeie o projeto (continuação)

Faça um roteiro visual para este projeto, com atividades, recursos, cronogramas e marcos de referência.

Use o protocolo de "sintonização" com outros professores ou um grupo de alunos para refinar a concepção do projeto ou auxiliar no planejamento. Que outras idéias você tem agora sobre o projeto?

● *Que desafios ou problemas poderiam surgir neste projeto?*

FORMULÁRIO DE PLANEJAMENTO DE PROJETO

Gerencie o processo

Relacione os preparativos necessários para atender as necessidades de instrução diferenciada para alunos com outras línguas maternas, alunos portadores de necessidades especiais, ou alunos com estilos de aprendizagem diferentes.

Como você e seus alunos avaliarão o projeto?
- ☐ Discussão da classe
- ☐ Método do "Aquário"
- ☐ Análise formal facilitada pelos alunos
- ☐ Análise formal conduzida pelo professor
- ☐ Avaliações individuais
- ☐ Avaliações de grupos
- ☐ Outros: _____
- ☐ _____

● O que você espera aprender com este projeto?